Mosaik bei
GOLDMANN

Buch

Die Mehrzahl der Frauen, die vergebens nach einem Partner suchen, haben auf den ersten Blick keinen Grund, unglücklich zu sein: Sie sind jung, erfolgreich, attraktiv und haben viele Freunde und Bekannte – und doch: Der Mann fürs Leben fehlt ihnen. Claudia Clasen-Holzberg zeigt, was diese Frauen daran hindert, ihr Glück zu finden. Indem sie typische Beziehungsfallen beschreibt, ermutigt die erfahrene Autorin alle Leserinnen, die eigenen Sehnsüchte zu erkennen und auszuloten. Denn: Die Sehnsucht nach einer Partnerschaft ist kein Problem, das sich nach Schema F lösen lässt, der Wunsch nach einer Beziehung berührt jeden in seinem Innersten und ist mit der individuellen Persönlichkeit und Geschichte eng verbunden. Auf diesem Weg begleitet die Psychologin einfühlsam und mit praktischen Ratschlägen.

Autorin

Claudia Clasen-Holzberg ist Diplom-Psychologin und Psychotherapeutin. Sie schreibt für BRIGITTE und andere Frauenzeitschriften – häufig im Team mit ihrem Ehemann und Fachkollegen Oskar Holzberg. Claudia Clasen-Holzberg lebt mit ihrer Familie in Hamburg.

Claudia Clasen-Holzberg

Liebe gesucht

Wege aus dem Single-Leben
zu einer glücklichen Beziehung

Mosaik bei
GOLDMANN

Die Ratschläge in diesem Buch wurden von der Autorin und vom Verlag sorgfältig erwogen und geprüft, dennoch kann eine Garantie nicht übernommen werden. Eine Haftung der Autorin bzw. des Verlags und seiner Beauftragten für Personen-, Sach- und Vermögensschäden ist ausgeschlossen.

Umwelthinweis:
Alle bedruckten Materialien dieses Taschenbuches
sind chlorfrei und umweltschonend.

1. Auflage
Vollständige Taschenbuchausgabe Mai 2005
Wilhelm Goldmann Verlag, München,
ein Unternehmen der Verlagsgruppe Random House GmbH
Brigitte-Bücher im Verlag Mosaik bei Goldmann

Illustrationen: Barbara Saniter
Umschlaggestaltung: Heinz Kraxenberger/Design Team München
Umschlagfoto: Heinz Kraxenberger
Redaktion: Christine Tsolodimos, Karin Schanzenbach
Satz: Uhl + Massopust, Aalen
Druck: GGP Media GmbH, Pößneck
Verlagsnummer: 16713
CH · Herstellung: Stefan Hansen
Printed in Germany
ISBN 3-442-16713-2
www.goldmann-verlag.de

INHALT

VORWORT

»Coolness ist das Leitmotiv unserer ganzen Gesellschaft, und alle Welt sehnt sich nach Wärme«, hat eine Freundin einmal in einer Diskussion gesagt – es ging um die oft widersprüchlichen Bedürfnisse, mit denen Frauen (und Männer) eine Liebesbeziehung eingehen. Besser kann ich den Ausgangspunkt für dieses Buch bei all meiner Professionalität auch nicht formulieren.
Die Idee, mich mit diesem Thema zu befassen, kam mir, als ich vor einigen Jahren überrascht und fasziniert feststellte, dass sich in meiner Praxis immer mehr junge, attraktive, gut ausgebildete, beruflich erfolgreiche Frauen einfanden, die neben eher leichten seelischen Störungen hauptsächlich unter einem Mangel litten:

Sie vermissten in ihrem Leben eine erfüllende Partnerschaft.

Heute stellen die jungen Frauen auf der Suche nach Liebe einen großen Teil meiner Klientinnen. Viele kommen mit einem vom Zeitgeist geprägten Glauben an die Machbarkeit von Liebe zu mir. Sie wollen sozusagen ihr Partnersuche-Programm optimieren, um endlich positive Ergebnisse zu erzielen. Sie hoffen, mit besserem Training auf dem Spielfeld der Liebe erfolgreicher zu sein. Doch es gibt keine Rezepte, wie sich der sehnlichst gewünschte Partner herbeizaubern lässt. Falls Sie dieses Buch lesen in der Hoffnung, ultimative Tipps zum Aufnehmen und Aufrechterhalten einer Beziehung zu finden, muss ich Sie enttäuschen.
Liebe war schon immer ein Thema in der Psychotherapie – besonders die unglückliche. Liebeskummer und Krisen nach Trennungen sind für viele ein Anlass, professionelle Hilfe zu suchen. Aber der Mangel an Liebe, die Sehnsucht nach Partnerschaft, das Verzweifeln am Alleinleben – was nicht gleichzusetzen ist mit Einsamkeit – als Ursache für Leid und Minderwertigkeitsgefühle in diesem Ausmaß und dieser Intensität scheinen mir neu zu sein.
Mein Buch bezieht sich vor allem auf Frauen, die alleine leben. Alleinerziehende Mütter, die sich ebenfalls eine neue Partnerschaft

wünschen, finden sich in vielen Erfahrungsberichten möglicherweise nicht wieder – ihre Bedürfnisse und auch die Schwierigkeiten, mit denen sie sich bei der Partnersuche auseinander setzen müssen, sind vielschichtiger als bei den «echten« Singles. Aber auch diese Frauen werden in meinem Buch viele Erklärungen, Hinweise und Anregungen finden, von denen sie profitieren können.
Das Phänomen, dass es immer mehr Singles gibt und immer mehr Beziehungen scheitern, lässt sich nicht so einfach erklären, wie es häufig versucht wird – etwa mit der Behauptung, dass »Männer und Frauen halt nicht zusammenpassen« oder dass Männer sozusagen von Natur aus Angst vor einer festen Bindung hätten. Sicher ist an solchen Behauptungen etwas dran. Und sicher haben auch die Frauenbewegung und die enorm gestiegenen Bildungs- und Karrieremöglichkeiten für Frauen die Beziehung zwischen den Geschlechtern verändert. Doch das ist es nicht allein.

Wir Frauen selbst tragen bei zu der Beziehungsmisere, an der wir leiden.

Es hilft nichts, soziologische Analysen zu wälzen, zu jammern, alten, bindungsfesteren Zeiten nachzutrauern und die Schuld den Männern zuzuschieben – das entlastet nur kurzfristig. Auf lange Sicht macht es hilflos, traurig und depressiv.
Wenn wir anerkennen und erforschen, wie wir selbst Beziehungen vermeiden, erschweren oder überfordern, verlassen wir die Opferrolle. Wir übernehmen mehr Verantwortung für unser Beziehungsschicksal. Und das ist nicht immer angenehm.
Ich war selbst lange Zeit eine Beziehungsflüchterin der besonderen Sorte: Wenn es drohte, langweilig oder schwierig zu werden, wenn ich mit meinen Schwächen und Ängsten konfrontiert wurde, stieg ich einfach aus und verliebte mich mühelos in einen neuen Mann. Ich wechselte den Partner, immer auf der Suche nach der noch besseren, noch größeren, ganz und gar erfüllenden Liebe. Die sich so gar nicht einstellen konnte. Liebte ein Mann mich zu sehr, fühlte ich mich kontrolliert und in meiner Unabhängigkeit bedroht. Liebte ich einen Mann zu sehr, erfasste mich Angst vor dem möglichen Verlassenwerden.

In jedem Fall wurden Liebe und Angst immer unerträglicher und mündeten in der einfachen Lösung: Trennung. Zurück in die Unabhängigkeit. Nur da fühlte ich mich wirklich sicher. In meiner Pseudo-Autonomie und seriellen Bindungslosigkeit. Obwohl ich ständig Beziehungen hatte, lebte ich innerlich als ungebundene Single-Frau mit den Idealen eines Single-Lebens.
Erst eine schwere Lebenskrise hat mich dazu gebracht, eine dauerhafte Partnerschaft einzugehen. Eine Beziehung mit dem Ziel und der Bereitschaft, wirklich ein Paar zu werden. Ohne die offene Hintertür ins ungeliebte, aber sichere Alleinsein. Seit 20 Jahren lebe ich jetzt in dieser Partnerschaft.

Ich weiß, wie viel Angst es machen kann, zu lieben.

Wie schwer es ist, die Verantwortung für eine Beziehung, eine ganze Familie zu tragen. Wie nervig es sein kann, immer wieder nur Kompromisse zu leben und nicht den großen Wurf. Wie langweilig. Wie unromantisch. Wie wenig spontan. Wie anstrengend. Wie enttäuschend.
Und wie glücklich es machen kann. Immer wieder mal.
Als Teil eines Paares bleibt man nicht, wie man ist. Man verändert sich, wird Teil eines größeren Ganzen. In manchem wächst man über sich hinaus, in anderem bleibt man hinter dem zurück, wie man früher einmal war. In einer Beziehung zu leben, ist vermutlich das intensivste Programm zur Persönlichkeitsveränderung, das es gibt. Und viele Frauen haben berechtigterweise Angst davor: Wer weiß, was aus mir wird? Kann ich das Risiko wirklich eingehen? Mit diesem Mann? Oder werde ich verschwinden, mich auflösen, untergehen, mich nicht wiederfinden?
Mut, Toleranz und Vertrauen in die eigene Liebesfähigkeit und Liebenswürdigkeit verschaffen einem die Fahrkarte für die Reise ins »gelobte Land« des Paarlebens. Wenn es diesem Buch gelingt, Frauen eine halbwegs brauchbare Wegbeschreibung zu liefern, wäre ich dankbar dafür.

Claudia Clasen-Holzberg

BEIM NÄCHSTEN MANN WIRD ALLES ANDERS

»Es gibt kaum eine Aktivität, kaum ein Unterfangen, das mit so ungeheuren Hoffnungen und Erwartungen begonnen wird und das mit einer solchen Regelmäßigkeit fehlschlägt wie die Liebe«, hat Erich Fromm schon vor rund 50 Jahren in »Die Kunst des Liebens«* geschrieben. Wie wahr!

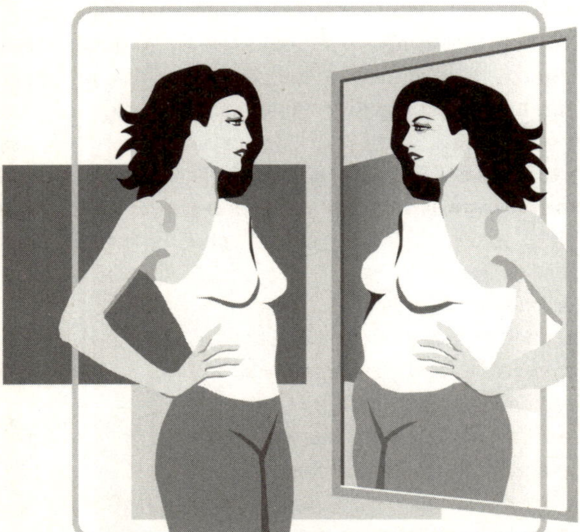

*Neuauflage bei Heyne, 2001

Warum geht es immer wieder schief?

Tatjana ist eine Szenefrau. Attraktiv, einfallsreich, bekannt mit allen und jedem, immer an den angesagten Plätzen. Meistens gut gelaunt und von übersprühender Lebendigkeit. Auf Männer wirkt sie wie eine Mischung aus unberechenbarem Vamp und fröhlichem Mädchen – also nahezu unwiderstehlich. Dass sie zwischenzeitlich Phasen des heulenden Elends durchleidet, in denen sie sich zutiefst hässlich, plump, dumm und abstoßend findet, wissen die wenigsten. Dass es Tage gibt, an denen sie das Handy ausmacht und ihr Weinlager binnen kürzester Zeit leert, kann sich niemand vorstellen. Auch nicht, dass sie dann sinnlos Klamotten kauft, bis ihr Konto so überzogen ist, dass sie sich erst recht verachtenswert fühlt. Zum Glück verdient sie in den guten Phasen überdurchschnittlich und kann für den Ausgleich sorgen. Den »Einbruch ins dunkle Loch« vergisst sie fast, sobald er wieder überwunden ist.
Tatjana leidet nicht an einer rätselhaften Krankheit.

Ihre Abstürze erfolgen in unschöner Regelmäßigkeit: Wenn gerade wieder eine vielversprechende Verliebtheit gescheitert ist.

Wenn der neue Prinz nach einer bezaubernden Nacht und einem verliebten Frühstück drei Tage nicht angerufen hat oder der vergötterte heißblütige und draufgängerische Südamerikaner sich auch bei ihrer Freundin als raffinierter Verführer entpuppt hat.
Genau genommen hatte sie in den vergangenen drei Jahren keine längere, funktionierende Beziehung mehr. Und die davor ist unglücklich geendet, weil es zu viel Distanz und Streit gab. Männer und ihre Liebe zu Männern machen sie immer wieder unglücklich.
Lassen sie an sich verzweifeln. Sind offenbar Gift für sie. Wäre es so ein-

fach wie mit dem Alkohol, würde sie sich Männerabstinenz verordnen. Ohne Alkohol kann man leben (obwohl sie auch das immer weniger glaubt). Aber ohne Männer? Ohne Liebe? Ohne die Hoffnung auf eine erfüllende Partnerschaft?

Autonomie und Liebe – passt das zusammen?

Viele Frauen zwischen 20 und 35 Jahren sind festen Beziehungen gegenüber ambivalent. Sie sehnen sich danach und fürchten sie gleichzeitig.

Tatjana lebt – wie so viele junge Frauen – hin- und hergerissen zwischen der Freiheit, ganz die eigene Autonomie zu leben, und der Sehnsucht nach einer tiefen Bindung. Sie gehört zu jenen jungen Frauen, die durchaus Ähnlichkeit mit ihren virtuellen Schwestern, den TV-Kultfiguren Ally McBeal (aus der gleichnamigen Fernsehserie) oder Carry Bradshaw (aus der Serie »Sex and the City«) haben. Junge, selbstständige Frauen, in Spitzenberufen und Designerklamotten. Frauen, deren Wunsch nach Unabhängigkeit einerseits und Intimität andererseits sie – zumindest auf dem Bildschirm – regelmäßig an den Rand des Wahnsinns bringt.

Beide Wünsche gehören zu den menschlichen Grundbedürfnissen, zu unserer emotionalen Grundausstattung. Ohne Bindung, Liebe und Geborgenheit – meist an unsere Mütter – würden wir als psychosoziale Frühgeburten die ersten Monate unseres Lebens nicht überstehen. Wir brauchen Fürsorge, Halt und Geborgenheit, um uns in der Welt sicher und willkommen zu fühlen.

Ohne das Streben nach Autonomie, Unabhängigkeit und eigenen Entscheidungen würden wir mental und emotional immer noch an Mamas Schürzenzipfel kleben. Autonomie bedeutet die Entwicklung zu eigenständigen Wesen, zu Individuen. Dazu gehört, dass Alleinsein als etwas Positives erlebt wird.

»Du nicht. Alleine!« - so klingt der Selbstständigkeits-Schlachtruf von Zwei- bis Dreijährigen. Elena besteht lautstark darauf, den Saft aus der Ein-Liter-Flasche selbst in ihr Glas zu schütten. Sie kann die Flasche kaum halten, aber es gelingt (von kleinen Pfützen abgesehen). Stolzes Strahlen auf ihrem Gesicht. Elena erobert ihre Autonomie. Egal, ob sie die Gummistiefel »Selba!« anzieht - den linken Stiefel am rechten, den rechten am linken Fuß, oder mit der Gabel »Nein, Mama, Ella leine!« ihren Pudding auffüllt. Nicht das Ergebnis zählt, sondern das wunderbare Gefühl der Eigenständigkeit. Etwas selbstständig tun wollen, das fordern Kleinkinder, noch bevor sie »ich» sagen können. »Allein« - das heißt für sie Autonomie. Groß und unabhängig sein von der Hilfe der Eltern.

Für viele erwachsene Frauen ist »Autonomie« an ein Leben ohne festen Partner gekoppelt. In der Kunst der Selbstverwirklichung sind wir geübt, viele haben dabei aber mit einem trotzigen »Alleine!« auf eine Bindung verzichtet.

Selbstverwirklichung und Familie - geht das?

»Wir, die zwischen 1965 und 1975 Geborenen, sind die erste Frauengeneration, die unmittelbar von der Frauenbewegung profitierte«, konstatiert Katja Kullmann in ihrem Buch »Generation Ally« (Eichborn, 2002). Eine gute Ausbildung und berufliche Chancen sind für Frauen heute selbstverständlich. Wir können uns unsere Brötchen und, wenn es sein muss, auch die Brillanten selbst verdienen. Sogar Babys können wir dank der modernen Reproduktionsmedizin bekommen, ohne das Risiko und die Mühen einer Beziehung auf uns nehmen zu müssen. Nicht einmal Sex ist mehr dazu nötig. Das Alleine-Leben hat sich aus einem bemitleidenswerten Dasein zu einer erstrebenswerten, nahezu glamourösen Lebensform entwickelt. Singles haben mehr Wohnraum, mehr Pro-Nase-Einkommen, mehr Freizeit – und angeblich mehr Spaß – als Paar- oder Familienmenschen. Das Single-Leben könnte eine komfortable, zugleich abwechslungsreiche und kontrollierbare, besonders für Frauen sehr befriedigende Einrichtung der Selbstverwirklichung sein.

Wäre da bloß nicht dieser fatale Hunger nach Liebe.

Wenn am sechsten Sonntag in Folge alle Cafés nur von Pärchen bevölkert sind, sehnen sich die meisten Frauen doch nach einem festen Partner. Und spätestens, wenn die »biologische Uhr« fünf vor zwölf zeigt, denken viele panisch an Familie und Kinder.

Das »heimliche Modell«

Der Feminismus hat es Frauen ermöglicht, Karriere zu machen und traditionelle Partnerschaftsmodelle kritisch zu betrachten. Wir lieben unsere Unabhängigkeit und unseren Erfolg. Doch gleichzeitig sind wir alle nach wie vor – zumindest emotional – dazu erzogen worden, unseren Wert als Frau daran zu messen, wie sehr wir anderen gefallen. Besonders daran, wie anziehend wir auf einen Mann wirken. Wir haben angeblich ganz andere Lebensentwürfe – aber in uns wirken immer noch unsere Rollenvorbilder. Unsere Mütter, diese Meisterinnen der Anpassung, die unter allen Umständen die Wäsche erledigten und um Punkt sieben das Abendessen auf den Tisch stellten. Egal, ob sie miese Laune hatten, erschöpft waren oder ihnen nicht der Sinn danach stand: Sie hatten gelernt, sich anzupassen und den Erwartungen der anderen zu entsprechen.
Und heute? »Wenn Frauen die Gesellschaft wirklich verändern wollten, könnten sie es tun. Ich habe vor, sie zu verändern. Ich will nur vorher einen Mann finden«, sagt Ally McBeal. Noch nie gab es so viel Freiheit in der Entwicklung des Einzelnen, besonders für Frauen. Soziologen und Philosophen sprechen vom »Zeitalter der Individualisierung«. Deutlichstes Zeichen dafür ist die Tatsache, dass immer mehr Menschen allein leben. Viele Frauen geraten durch die immer größere Freiheit in einen tiefen Konflikt, beobachten Soziologen wie der Franzose Jean-Claude Kaufmann. Einerseits folgen sie »der freien Flugbahn ihrer Autonomie« und entfernen sich immer

weiter von den Kompromissen und Pflichten des Gebundenseins, andererseits wirkt auch in diesen Frauen das »heimliche Modell«, wie der Soziologe es nennt: Eine Frau ohne Partner und Kind ist keine richtige Frau - an diesem von der Tradition geprägten Grundsatz halten wir fest. Denn die Strukturen des Unbewussten, in denen unsere Beziehungsmodelle und -vorstellungen vorgeformt sind, verändern sich weit langsamer als die gesellschaftlichen Bedingungen und Möglichkeiten. Das »heimliche Modell« spukt in unseren Köpfen weiter, und vielen Single-Frauen begegnet es auch in kritischen oder mitleidigen Kommentaren ihrer Mitmenschen. Die Angst, ohne Partner keine vollwertige Frau zu sein, zermürbt das Selbstvertrauen. Die Angst, zu viel persönliche Freiheit aufgeben zu müssen, blockiert die Liebesbereitschaft.

Immer in Hochform - muss das sein?

Zu den Leiden unserer Zeit gehört ein brüchiges Selbstwertgefühl. Immer mehr Menschen (nicht nur Frauen!) vermeiden Beziehungen, weil sie Trennungsängste, Kritik und drohende Enttäuschungen nicht mehr verkraften können. Gleichzeitig tun sie alles, um in den Augen anderer glänzend dazustehen. Der Grund:

Ihnen fehlt Anerkennung, die Voraussetzung für ein gutes Selbstwertgefühl.

Und das ist nicht verwunderlich. Denn ob wir Anerkennung finden, hängt weniger davon ab, wer wir tatsächlich sind - entscheidend sind die Ansprüche, die wir an uns stellen. Und die wachsen vor allem bei Frauen mit jedem Tag: Fantastisch aussehend, gesund, schlank, sportlich, unternehmungslustig, emotional intelligent, erfolgreich, stressresistent und zugleich weich, verständnisvoll und zärtlich sollten wir mindestens sein. Japanisch zu kochen, multiple Orgasmen zu erleben und optimistisch lächelnd den Ängsten der

Arbeitslosigkeit zu trotzen, werden wir auch noch schaffen. Oder nicht? Je mehr Ansprüche durch Medien und Konsumwelt an uns herangetragen werden, desto weniger können wir ihnen genügen. Und fühlen uns als Versagerinnen. Das hat Folgen:
Da wir uns selbst gar nicht toll fühlen, versuchen wir um fast jeden Preis, Anerkennung von außen zu bekommen. Viele Frauen werden dadurch karrieregeil, fashion-victims, mager- oder sportsüchtig. Außengeleitet eben. Unbewusst suchen sie ständig nach Bestätigung, nach dem Kick, der ihnen wieder die Gewissheit gibt, doch bewundernswert zu sein.

Ihren Ängsten und ihrer Sehnsucht, ihren Verletzungen hinter der glänzenden Fassade wollen sie sich nicht stellen.

Und noch viel weniger soll ein anderer sie entdecken. Deshalb meiden sie instinktiv eine intime Partnerschaft. Denn der Liebste könnte ja nicht nur ihre starken Seiten bewundern, sondern womöglich ihre Schwächen entdecken.

Vorsicht Liebe!

»Liebeskummer ist nur ein kleiner Kratzer im Selbstbewusstsein. Den hast du schnell wieder aufpoliert«, tröstet eine der Freundinnen in der Serie »Sex and the City«. Diesen »Liebe-ist-machbar-und-jeder-Kratzer-schnell-wegpoliert«-Quatsch würden wir gerne glauben. Aber unser Unbewusstes weiß es besser: Liebeskummer erschüttert bis in die Tiefen der Seele, zerbröselt das Selbstwertgefühl und macht hässlich. Warum sollte man sich solchen Torturen aussetzen? Wer den Strapazen möglichen Liebesleids entgehen will, liebt am besten gar nicht erst. Dann kommt es nicht zu Kratzern an der Oberfläche, geschweige denn zu gebrochenen Herzen. Deshalb vermeiden viele Frauen, bewusst oder unbewusst, eine feste Beziehung. Was nicht heißt, dass sie kein Interesse an Männern hätten. Im Gegenteil. »Bindungsscheue Frauen sind gerissen und einfallsreich: Die Liebe ist unser heiliger Gral und gleich Lancelot sind wir unerschütterlich auf der Suche danach«, schreibt Sheila Gillooly in ihrem Buch »Vorsicht Liebe!« (Rowohlt, 1999). Die Fernsehheldin

Ally McBeal drückt es einfacher aus. »Es ist keine Sünde, Männer zu lieben. Es ist nur schmerzhaft.«
Denn die zweite Folge der ständigen Versagensangst ist, dass viele Frauen Anerkennung und Bewunderung gerade bei Männern suchen. Natürlich möglichst unauffällig und meist bei den Falschen; sie sollen sie lieben und wunderbar finden, aber bitte nicht auf die Schattenseite schauen. Deshalb geben sie sich Mühe, stets ihre Reklameseite zu zeigen. Doch die Welt des schönen Scheins und die Realität klaffen so weit auseinander, dass sie diese Kluft immer weniger verbergen können. Sie spielen Hollywood und fühlen Wanne-Eickel. Und je leerer es in ihnen ist, desto mehr Hoffnung setzen sie darauf, dass eines Tages ein Mann kommt und alle ungelebten Wünsche erfüllt. Das kann er, wenn sie ihm schließlich begegnen, natürlich nicht leisten. Damit bestätigt sich dann die Grundbefürchtung dieser Frauen, ihre wirklichen Gefühle und Wünsche niemandem zumuten zu können. So wird das innere »Liebesloch« noch größer, und der Anspruch an den nächsten Partner (und auch an sich selbst) steigt. Die Wahrscheinlichkeit, wieder zu scheitern, leider auch!
Wenn dieses Frauenbild stellenweise überzeichnet erscheint - ein bisschen davon steckt in jeder von uns. Und Geschichten wie die von Tatjana am Anfang des Kapitels sind durchaus typisch für unsere Zeit.

Verhängnisvolle Affären

Tatjana wiederholt in ihren Beziehungen einen Kreislauf aus Idealisierung, Enttäuschung und Selbstentwertung, aus dem zu lernen ihr schwer fällt.

Tatjanas Beziehungen folgen immer demselben Muster: Lernt sie einen Mann kennen, der ihren Ansprüchen entspricht, ist sie schnell für ihn entflammt. Während ihr Kopf noch zaghaft warnt »Lass dir Zeit«, »Schau ihn dir erst mal in Ruhe an«, »Überfordere dich nicht«, hat sie sich meist schon begeistert in die Affäre gestürzt. Dieser Mann ist doch endlich anders als die letzten Fehlgriffe.

Seine Aufmerksamkeit, seine Anrufe, seine geistreichen Anspielungen und Komplimente bestärken sie in ihrer Euphorie. Sie fühlt sich gesehen und auserwählt.
Leider birgt übergroße Begeisterung den Keim der Enttäuschung in sich. Denn die Wünsche und Erwartungen sind so hoch gesteckt, dass sie der Realität nicht standhalten können.
Wenn Tatjana dann merkt, dass das nicht die Beziehung ist, von der sie geträumt hatte, oder aber der tolle neue Mann sie gleich wieder verlässt, trifft sie das jedes Mal tief.

Sie schickt dem Treulosen böse E-Mails oder beschimpft ihn per Anrufbeantworter.

Überzeugt, dass er ihren Zorn verdient, wird sie zur Furie, die am liebsten sein Auto zerkratzen oder seinen unsauberen Börsendeal auffliegen lassen würde. Wenig später schämt sie sich für diese Ausbrüche, diese »Zeichen von Schwäche und Abhängigkeit«. Sie beschimpft sich selbst als haltlos und bescheuert. Sie schwört sich, nie wieder einen Kerl an sich ranzulassen. Nie wieder will sie Gefühle entwickeln oder sie zumindest in einer Partnerschaft nicht zeigen.
Und auf keinen Fall wird sie sich als klein, schwach und bedürftig präsentieren. Das hat bisher jeder Kerl irgendwie ausgenutzt und gegen sie gewendet. Beim nächsten Mann wird alles anders! Tatjana nimmt sich fest vor, es künftig besser zu machen, unbedingt die Oberhand zu behalten. Im Grunde beschließt sie, einen Mann zu erobern, eine Beziehung zu haben und geliebt zu werden, ohne zu lieben. Nur so kann sie ihre emotionale Unabhängigkeit retten und ihr Selbstwertgefühl schützen.

Frauen mit schwachem Selbstwertgefühl wie Tatjana fühlen sich nur unabhängig und sicher, solange sie allein sind. In Beziehungen werden sie leicht abhängig, symbiotisch und klammernd. Oder sie versuchen ständig, ihre Gefühle und die ihres Partners zu kontrollieren, und so gegen ihre Ängste anzugehen. Dabei geht es weniger um angemessene Selbstkontrolle, sondern mehr darum, wie sie den Partner dazu kriegen können, so zu sein, wie sie ihn haben möchten. Sie greifen dabei tief in die Trickkiste der Manipulation, oft ohne zu wissen, was sie da tun.

KENNEN SIE DAS?

Wie Frauen Männer manipulieren

» Sie melden sich tagelang nicht, obwohl sie sich vor Sehnsucht verzehren, und spekulieren darauf, dass der Partner sie vermisst und seinerseits Kontakt aufnimmt.

» Sie sagen nicht, was sie gern mit ihm unternehmen wollen – damit er lernt, ihre Wünsche zu erraten. (Besorgt er dann Karten fürs Eishockeyspiel statt für die Oper, sind sie beleidigt.)

» Sie strafen ihn mit Schweigen oder kurzen schnippischen Bemerkungen, weil er etwas gesagt hat, das sie geärgert oder verletzt hat. Nach dem Motto: Er wird schon merken, was er angerichtet hat, und sich bei mir entschuldigen.

» Sie lassen ihn über ihre Gefühle im Unklaren (obwohl sie bis zum Herzflimmern verliebt sind), damit er sich unsicher fühlt und sie umso mehr umwirbt.

» Sie erwähnen gerne und häufig Tugenden und Vorzüge ihrer Expartner in der Hoffnung, dass er sich angespornt fühlt, mit diesen Männern in Konkurrenz zu treten.

» Sie flirten manchmal in seinem Beisein ganz harmlos mit dem Barkeeper oder dem Cabriofahrer an der roten Ampel, damit er merkt, dass sie noch ganz andere Männer haben könnten. Und sich deshalb umso mehr um sie bemüht.

» Sie sind besonders nett zu ihm und erfüllen möglichst seine Wünsche. Aus Dankbarkeit soll er sich ihnen gegenüber genauso verhalten. Besonders, wenn sie gerade einen besonderen Wunsch haben (z. B., dass er ihnen seine Liebe gesteht).

Verlieben nach Rezept – ist das möglich?

Fernsehserien à la »Sex and the City« oder »Ally McBeal« und auch viele Ratgeber vermitteln die Illusion, Liebe sei machbar wie ein Gugelhupf, wenn man sich nur an die richtigen Regeln hält und fleißig übt. Ist der Beziehungskuchen nicht aufgegangen, sondern platt in sich zusammengefallen, hat man wohl einen Fehler gemacht. So einfach ist das! Würden wir ja gerne glauben, aber:
Scharen junger Frauen versuchen, sich an die Regeln zu halten. Sie sprechen niemals einen Mann an, rufen keinesfalls als Erste an, schlagen nicht von sich aus ein Treffen vor und haben Sex nicht, wenn ihnen danach ist, sondern frühestens nach der dritten Verabredung. Die entsprechenden Kerle scheinen leider keine Ahnung zu haben: Weder benehmen sie sich regelgerecht, noch wissen sie die Bemühungen der Frauen zu würdigen und sich programmgemäß zu verlieben.
Täten sie es, wären sie erstaunt, für wie unbedarft, triebgesteuert und leicht manipulierbar viele »Beziehungsexpertinnen« sie halten. »Männer müssen darauf vorbereitet werden, dass sie Sie heiraten

Wahrscheinlich haben die meisten Männer nie »Ally McBeal« gesehen und lesen auch keine Beziehungsratgeber.

müssen, wenn sie Sie sieben Tage die Woche sehen möchten«, heißt es in dem Buch »Die Kunst, den Mann fürs Leben zu finden« (Piper, 2002). Und weiter: »Bis er die erlösenden Worte spricht, müssen Sie sich darin üben, alle weiteren Verabredungen mit ihm auszuschlagen, selbst wenn Sie danach hungern, mehr Zeit mit ihm zu verbringen.« Diese Art von Beziehungsmanagement als Dressurakt wird die meisten Männer in die Flucht schlagen. Denn genau besehen sind viele der angeblich »goldenen« Regeln Anleitungen zur Manipulation – und Manipulation und Liebe vertragen sich nicht! Hinzu kommt, dass das meiste eins zu eins aus dem Amerikanischen übernommen worden ist. Ich bezweifle zwar, dass die Rezepte dort viel besser funktionieren, aber in der Heimat des streng ritualisierten »Dating« mag der eine oder andere Tipp hilfreich sein. Leider führt der fragwürdige Kulturimport dazu, dass sich Frauen hier den Kopf zerbrechen, ob nun Sex vor dem dritten Date ein Vergehen, beim dritten Date ein Muss oder danach eventuell auch noch möglich ist.

Liebe ist unkontrollierbar

Von Liebe zu träumen, sich nach ihr zu sehnen und einen idealen Mann herbeizufantasieren, ist wunderbar. Doch ein echter Partner mit eigenen Gefühlen, Bedürfnissen und Meinungen, einer gefestigten Persönlichkeit entspricht nicht dem Prinzen, den wir uns erträumen. Er ist kein Fantasieprodukt, das sich für unsere Wünsche und Projektionen anbietet und uns glücklich macht. Unsere Wünsche und Vorstellungen vom Traummann haben wir im Kopf – und damit im Griff. Ein realer Partner entzieht sich zu unserem Erschrecken der Kontrolle.

Wir können alles Mögliche inszenieren – er ist unabhängig von unseren Vorstellungen, führt ein Eigenleben. Das versetzt uns in Panik, denn dann können wir all die drängenden Fragen in unserem Leben nicht mehr auf die Bank der rosigen Zukunft schieben, nach dem Motto: »Alles in meinem Leben wird gut, wenn ich erst die große Liebe gefunden habe.«

Liebe macht Angst

Es ist ein Paradox, dass Liebe uns Sicherheit gibt, aber auch mit Risiken verbunden ist. Wir können an persönlicher Freiheit verlieren, schlimmstenfalls verletzt oder unterdrückt werden. Wir laufen Gefahr, uns selbst aufzugeben und zu verlieren.
Zwar ändert sich die Einstellung zu Liebe und Partnerschaft mit den gesellschaftlichen Bedingungen. So galt es in den 70er Jahren als ideal, unabhängig zu sein, sich selbst zu genügen, loslassen zu können. In den 80er und frühen 90er war es im Trend, ungebunden zu sein, materiell und beruflich erfolgreich, konsumfreudig und auf kurzfristige Befriedigung ausgerichtet, flexibel und unbeschwert durch Bindungen jeder Art. Heute gehört eine Liebesbeziehung wieder zu den Zielen und Inhalten eines erfüllten Lebens.
Doch die Angst, in einer Partnerschaft zu scheitern, ist groß. »Im Erwachsenenalter wird wohl nichts die persönliche Entwicklung so stimulieren wie eine konstruktive Liebesbeziehung, aber auch nichts sie so einschränken und verunsichern wie eine destruktive Liebesbeziehung», schreibt der Paartherapeut Jürg Willi in seinem Buch »Psychologie der Liebe« (Klett-Cotta, 2002).

Am Anfang ist die Sehnsucht

Jede Liebesbeziehung wird durch die Sehnsucht vorbereitet. Wir sehnen uns nach dem bedingungslosen Geliebtwerden, nach dem Aufgehobensein in der Liebe, dem unbegrenzten Verstandenwerden. Und wir hoffen darauf, dass die Liebe all die alten Verletzungen heilt und uns aus den Verstrickungen mit unserer Herkunftsfamilie oder früheren Partnerschaften herauslöst. Wir genügen uns nicht selbst, wir brauchen einen anderen, um uns erfüllt zu fühlen.

Es ist ein persönlicher Entwicklungsschritt, sich irgendwann einzugestehen, dass Menschen Liebe und einen Partner brauchen. In wichtigen Bereichen des Lebens können wir unser Potenzial allein nicht voll entfalten, wir bleiben hinter unseren Möglichkeiten zurück. Gleichzeitig müssen wir lernen, Sehnsucht und Erwartungen auf ein realisierbares Maß zu beschränken, um die Chance zu ihrer Erfüllung zu erhöhen.

Liebe lässt sich nicht vermeiden

Auf Liebe angewiesen zu sein, kann Angst machen, besonders wenn man in früheren Liebesbeziehungen verletzt und enttäuscht worden ist. Wer bereits in der Kindheit zurückgewiesen wurde und diese Erfahrungen im späteren Leben nicht korrigieren konnte, versucht, seine eigenen Bedürfnisse zu kontrollieren. Wer erlebt hat, dass die eigene Liebesbereitschaft missbraucht und ausgebeutet wurde, wird sich vor der eigenen Bedürftigkeit schützen wollen.
Wir kennen die Ausweichmanöver. Wir legen uns eine illusionslose Haltung zu, die wir durch all die negativen Beispiele in unserer Umgebung begründen.

**Bei denen hat es schließlich auch nicht geklappt.
So können wir wenigstens nicht enttäuscht werden.**

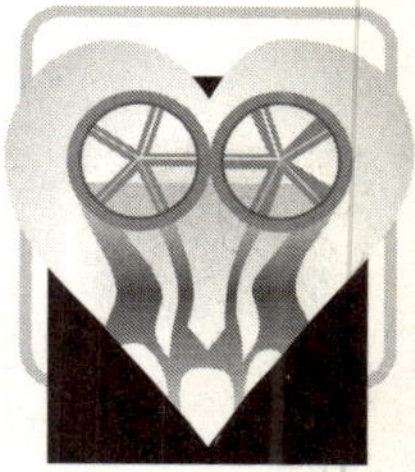

Oder wir lassen uns immer wieder auf absehbar unglückliche Liebschaften ein, die wenigstens unsere Erwartung, enttäuscht zu werden, bestätigen. Wir werden skeptisch, zynisch und lassen unserem Herzen eine Hornhaut wachsen.
Oder wir schrauben unsere Erwartungen an den Partner immer höher. Der Traumprinz kann die Aufgaben zur Erlösung der Prinzessin dann erst recht nicht mehr bewältigen. Immerhin liegt es ja nicht an uns. Er ist einfach zu blöd dazu. Es gibt eben keinen geeigneten Partner für uns. Dafür schluchzen wir heimlich beim Lesen von Liebesromanen und schleichen aufgeregten Herzens ins Kino, um uns hemmungslos mit Jennifer Lopez in »Manhattan Love Story« zu identifizieren.

KENNEN SIE DAS?

Vorurteile über das Alleinleben

» Es gibt immer mehr Singles.

Stimmt. In Deutschland leben heute über zwölf Millionen Menschen alleine. Das bedeutet, dass nahezu 40 Prozent aller Haushalte 1-Personen-Haushalte sind. Dabei ist die Entwicklung in den Städten noch rasanter: Im Jahr 2000 lebten in Hamburg 48 Prozent der Einwohner in 1-Personen-Haushalten, in Frankfurt sogar 50,6 Prozent. Der Single-Haushalt ist schon jetzt in Deutschland die häufigste Wohnform, mit steigender Tendenz. Der größte Teil der Alleinlebenden ist zwischen 30 und 35, viele sind gut ausgebildet und sozial eher privilegiert.

» Singles sind glücklich mit ihrem Leben.

Stimmt nur zum Teil. Die Statistik zeigt, dass Singles mit zunehmendem Alter unzufriedener mit dieser Lebensform werden. Schon zwischen 40 und 49 Jahren sind es 23 Prozent, häufig, weil sie eine Scheidung hinter sich haben und ihre finanzielle und berufliche Situation schwieriger geworden ist. Auch weil es schwerer wird, wieder eine/n Partner/in zu finden. In zehn Jahren werden 25 Prozent und in 20 Jahren 37 Prozent der Gesamtbevölkerung über 60 Jahre alt sein. Die Zahl der Singles, die ihre Lebensform nicht freiwillig gewählt haben, wird also eher noch steigen.

» Es gibt kaum Männer, die noch zu haben sind.

Falsch. Von den circa 13 Millionen Singles sind knapp 6 Millionen Männer, die meisten (etwa 5 Millionen) zwischen 20 und 60 Jahren. Im Vergleich dazu gibt es nur 3,5 Millionen Single-Frauen zwischen 20 und 60 Jahren. In der Altersgruppe zwischen 20 und 55 Jahren gibt es einen deutlichen Männerüberschuss, erst ab 55 Jahren überwiegen die Frauen unter den Singles.
Sie sind zwischen 30 und 45 und sehen weit und breit keine »freien» Männer? Schauen Sie mal genau hin: In Ihrer Altersgruppe gibt es laut Statistik doppelt so viele Single-Männer wie Single-Frauen!

» Eine Frau über 40 wird eher vom Tiger gefressen, als dass sie einen Ehemann findet.

Reine Panikmache mit unzutreffenden Zahlen! In den 80er Jahren haben Untersuchungen der Universitäten Harvard und Yale ergeben, die Ehechancen einer Frau von über 30 Jahren lägen statistisch nur noch bei 20 Prozent, mit 35 Jahren bei 5 Prozent, und mit 40 Jahren seien sie auf 1,3 Prozent geschrumpft. (Unbekannt ist mir die Herkunft der Erkenntnisse über das Risiko amerikanischer Frauen jenseits der 40, von einem Tiger gefressen zu werden. Angeblich lag diese Wahrscheinlichkeit höher.)
Schon der gesunde Menschenverstand lässt uns diese Ergebnisse skeptisch betrachten. Es muss ungefähr gleich viele unverheiratete Männer über 40 geben wie Frauen, da das Geschlechterverhältnis in etwa bei 50 : 50 liegt. Wo bleiben die denn? Entweder sind sie ebenfalls alle unverheiratet – dann müssten sie aber als potenzielle Ehekandidaten zur Verfügung stehen. Oder sie haben alle jüngere Partnerinnen geheiratet. Dann müsste es aber unter den jüngeren Jahrgängen einen deutlichen Überschuss unverheirateter Männer geben. Und die müssten sich wiederum unter den älteren

Frauen nach Partnerinnen umsehen, weil die aus ihrer Generation von den älteren Herren abgegriffen wurden. Irgendwas kann da nicht stimmen, dachten wir damals schon.
Eine Expertin im amerikanischen Bundesamt hat genau nachgerechnet und bestätigt den Verdacht, dass an diesen statistischen Berechnungen etwas faul ist. Nach ihren Ergebnissen lagen die Ehechancen einer unverheirateten 30-Jährigen zum damaligen Zeitpunkt bei 60 Prozent, die der 35-Jährigen bei 35 Prozent und die der 40-Jährigen bei immerhin 30 Prozent – 23-mal so hoch wie in der Harvard-Yale-Studie prognostiziert.

Also bloß keine Panik: Die Wahrscheinlichkeit, einen Partner zu finden – egal, wie alt Sie sind –, ist mit Sicherheit höher als die, im Lotto zu gewinnen!

KURZ GEFASST

Die Liebe zu einem anderen Menschen ist keine einfache Sache. Sie erfordert, dass man verletzbar ist, Schmerzen ertragen kann und das wundervoll gepflegte Bild, das man von sich selbst hat, in Frage stellt. Sie verlangt, dass man Kompromisse eingeht und Opfer bringt. All das ist nicht nötig, wenn man in einer Traumbeziehung lebt, sich von einer quälenden Verliebtheit in die nächste stürzt oder sich von allen geeigneten Männern fern hält. Es gehört Mut dazu, zu lieben.

ACH, MAMA ...

Wir wissen selber, welcher Mann zu uns passt.
Da müssen wir nicht mehr unsere Mutter fragen.
Wir tun es aber trotzdem – ohne es zu merken.
Wer bei Mama nicht ins Raster passt, hat
auf Dauer keine Chance bei uns. Ob das gut ist?

Die kritischen Augen der Mutter

Bea hat endlich jemanden kennen gelernt. Martin, einen hinreißenden jungen Werbefachmann. Kreativ, einfühlsam, aktiv; jemand, mit dem sie nächtelang reden oder um die Ecken ziehen kann. Der auch beim Frühstück und im Supermarkt noch eine gute Figur macht. Sie ist so verliebt, dass sie das breite Grinsen im Gesicht gar nicht mehr loswird. Ihm geht es genauso. An diesem Zwillingsgrinsen kann man den Zustand der beiden deutlich erkennen: berauschend verknallt. Und das mit Anfang 30. Bea ist selbstständige Grafikerin und beruflich auch in schweren Zeiten immer noch erfolgreich. Im Privaten hatte sie bisher weniger Glück: Ihre letzte dauerhafte Liebesbeziehung endete nach einer langen Phase der Unzufriedenheit mit einer quälenden Trennung. Auf den Abschied von Alex folgten vier Jahre des Alleinlebens, unterbrochen nur von kurzen Beziehungsversuchen mit Männern, die sie alle irgendwie schnell enttäuscht haben.

Nach drei Monaten Liebesglück mit Martin kommt Beas Mutter zu Besuch. Eine selbstbewusste und konventionelle Frau, die aus einer ostpreußischen Adelsfamilie stammt. Beas Eltern haben sich nach einer schwierigen Ehe getrennt, als Bea zwölf war. Bea ist mit ihren Geschwistern bei ihrer Mutter geblieben und hängt sehr an ihr. Martin hat gerade berufliche Sorgen, bemüht sich aber im Gespräch mit Beas Mutter, locker zu sein. Bea, verunsichert durch den reservierten Ausdruck in den Augen ihrer Mutter, redet mehr als gewohnt, doch die Atmosphäre bleibt eher kühl. Später unterhalten sich Bea und ihre Mutter.

Keiner ist gut genug

Bea: *Mama, hast du irgendwas?*

Mutter: Ach, ich musste nur an Alex denken. Weißt du, Alex war doch irgendwie offener und charmanter. Seine Art passte so gut zu dir.

Mama, Martin hat es beruflich gerade nicht sehr leicht. Seine Agentur kämpft ums Überleben. Und er macht keine dramatische Nummer daraus, wie Alex das tun würde.

So, er hat Sorgen mit seiner Firma? Vielleicht hat er sich übernommen, gleich etwas Eigenes aufzuziehen. Auf mich macht er nicht den Eindruck, als ob er sein Leben im Griff hätte.

Wenn man bedenkt, dass er ganz unten anfangen musste, hat er verdammt viel geschafft. Dass es im Moment nicht gut läuft, liegt nicht an ihm. Die Auftragslage für Agenturen ist miserabel, das weißt du doch.

Ja, aber du schaffst es ja auch. Irgendwie hättest du auch mal einen Mann verdient, der dir was zu bieten hat, der dich mehr unterstützt.

Mama, wen soll ich dir denn präsentieren, damit du zufrieden bist? Wenn es nach dir geht, ist doch niemand gut genug für deine Töchter. Du hast an jedem etwas auszusetzen. Heute findest du Alex soo charmant. Aber damals war er dir zu egoistisch und verantwortungslos; den Freund von Anna findest du zu exotisch; und Martin ist nicht witzig und erfolgreich genug. Wenn wir deinen Ansprüchen gerecht werden wollen, können wir ewig allein bleiben.

So meine ich das ja nicht. Ich wünsch dir nur einen Partner, auf den du dich verlassen kannst. Gib bloß deine Selbstständigkeit nicht zu früh auf. Ich habe damals den Fehler begangen, mich von deinem Vater abhängig zu machen. Du weißt ja, was dabei rausgekommen ist. Du hast das doch gar nicht nötig, mit deiner Ausbildung.

Nur weil du damals so jung und im Grunde gegen den Willen deiner Eltern geheiratet hast und Papa sich dann mit der Familie überfordert fühlte, brauchst du nicht dauernd zu versuchen, mich vor demselben Schicksal zu bewahren. Ich kann mir meine Partner selber aussuchen. Und was willst du überhaupt? Mal soll ich einen Mann haben, der mich auf Händen trägt und versorgt, und dann soll ich meine Selbstständigkeit bewahren und mich an keinen Kerl binden. Du machst mich wahnsinnig!

Ist er wirklich der Richtige?

Zwischen Bea und ihrer Mutter ist erst mal Funkstille. Doch bei Bea hat das Gespräch Nachwirkungen: Sie hat sich zwar tapfer gewehrt, aber jetzt kommen ihr Zweifel. Als hätte ein Fluch sich über die Beziehung zu Martin gelegt, sieht sie ihn neuerdings mit kritischen Augen. Ist er nicht tatsächlich zu konfliktscheu und entscheidungsschwach, um sich in seiner Firma durchzusetzen? Fehlt ihm nicht etwas von der Leichtigkeit und dem trockenen Humor, der sie mit Alex verband? Und seine aufmerksame Art ihr gegenüber findet sie nicht mehr liebevoll, sondern zu devot.
Bea kommt ins Nachdenken, und langsam wird ihr klar, wie viel sie von der Haltung ihrer Mutter übernommen hat. Auch sie betrachtet Männer sehr kritisch. Nicht zuletzt deshalb hat sie sich lange auf keine Beziehung mehr eingelassen.

Sie konnte einfach keinen geeigneten Partner finden, weil sie ja »jemand Besonderen« verdient hat.

Dabei konnte sie gar nicht sagen, was das konkret heißen sollte. Aber jetzt erkennt sie, dass sie damit dem Familienmotto folgt. Schon ihre Mutter hatte in den Augen der Großeltern »jemand Besonderen« verdient, also nach ostpreußischer Tradition einen Mann von adliger, zumindest gutbürgerlicher Abstammung. Doch Beas Vater, ein Theaterregisseur, war ein unzuverlässiger Bohemien, der erst nicht in der Lage war, seine Familie ausreichend zu versorgen und sich dann aus dem Staub gemacht hat. Von einigen unerfreulichen Affären und Skandalen ganz zu schweigen.

Traummann gesucht

Beas Mutter wünscht sich für ihre Tochter einen Mann, der auf jeden Fall anders – besser – sein soll als ihr eigener. Einen Mann, der all die Erwartungen erfüllen kann, die Beas Vater enttäuscht hat.
Für Bea dagegen hat ein Traummann alle liebenswerten Seiten ihres Vaters, den sie vergöttert hat. Er ist kreativ, unkonventionell, voller

Überraschungen, aber frei von der Unzuverlässigkeit, der Launenhaftigkeit und anderen Fehlern des Vaters.
Bea ist also einerseits auf der Suche nach dem idealen Phantom. Andererseits hört sie innerlich ständig die Mahnungen ihrer Mutter:

→ **Gib bloß deine Selbstständigkeit nicht auf für einen Mann.**
→ **Mach dich von niemandem abhängig.**
→ **Männer sind alle verantwortungslos und lassen dich im Stich.**

Sie steht damit vor der unlösbaren Aufgabe, den besonderen, für sie maßgeschneiderten Partner zu finden, ohne sich an ihn zu binden. Wer unbewusst diese beiden einander ausschließenden Ziele verfolgt, kann sich nicht wirklich verlieben. Oder der Höhenflug ist schon nach kurzer Zeit zu Ende. Das hat Bea in den letzten Jahren immer wieder erlebt. Martin ist seit langem der Erste, der tiefere Gefühle in ihr geweckt hat. Und jetzt kommt wieder dieser Zweifel.

Die Botschaften unserer Mütter

Beas Geschichte zeigt, wie uns die Botschaften unserer Mütter bei der Partnerwahl und in Beziehungen prägen. Und das nicht erst, wenn die Mutter ihre kritische oder wohlwollende Meinung über potenzielle, derzeitige oder Expartner verkündet. Ein Leben lang haben wir ihre Meinungen über Männer, ihre Erfahrungen mit Liebe und Beziehungen als innere Stimme gespeichert. Oft klingt die Stimme der Mutter wie unsere eigene. Aber es lohnt sich, bewusst und genau hinzuhören. Dann erkennen wir darin womöglich nicht nur das Echo unserer Mutter, sondern – wie Bea – den Chor mehrerer (Frauen-)Generationen. Manchmal sind die Botschaften einfach und eindimensional (Seite 32).
Aber viele Frauen haben widersprüchliche Anweisungen in ihrem inneren Programm, und das macht die Partnersuche noch um einiges komplizierter.

KENNEN SIE DAS?

Klassische Mutter-Botschaften

Sätze, wie wir sie von unseren Müttern gehört und unbewusst verinnerlicht haben

» Männer ertragen keine starken Frauen.

» Die guten Männer sind alle schon in festen Händen.

» Auf Männer ist kein Verlass.

» Wenn du eine Schwäche zeigst, wird das ausgenutzt.

» Du wirst nur geliebt, wenn du dich anstrengst.

» Harmonie ist das Wichtigste in einer Beziehung.

» Mach bloß nicht denselben Fehler wie ich.

» Für dich interessiert sich sowieso keiner.

» Sei nicht so fordernd, sonst wirst du verlassen.

» Männer finden früher oder später sowieso eine Jüngere.

» Frauen müssen sich in einer Beziehung anpassen.

» So wie du aussiehst, findest du sowieso keinen Mann.

» Intelligente Frauen haben es schwer mit den Männern.

» Ohne Partner ist eine Frau nur halb so viel wert.

» Du kannst froh sein, wenn dich überhaupt jemand will.

Welche Ihrer persönlichen Botschaften
fehlen in der Liste? Schreiben Sie sie auf:

____

____

____

Innere Glaubenssätze

Die Botschaften aus unserer Kindheit wirken wie Bedienungsanleitungen, mit denen wir immer wieder an mögliche Partner und Beziehungen herangehen. Doch leider sind sie ungefähr so tauglich wie die kryptischen Gebrauchsanweisungen für koreanische Elektrogeräte: Sie blockieren unsere Beziehungsfähigkeit, statt sie zu fördern. Manche dieser Botschaften sabotieren unser Vertrauen in lohnenswerte, tragfähige Partnerschaften, andere überfordern uns mit unrealistischen Erwartungen, und einige untergraben ständig unser Selbstwertgefühl. Das sind die schlimmsten.
Zum Glück sind wir nicht für immer und ewig auf die Botschaften unserer Kindheit festgelegt. Haben wir sie erst erkannt, lassen sie sich verändern und durch neue, angemessenere ersetzen. Das erfordert allerdings Zeit, Geduld und Entschiedenheit. Und die Bereitschaft, uns mit unserer Geschichte auseinander zu setzen. Dazu gehört auch, uns mit den Erfahrungen zu konfrontieren, die zur Festigung dieser »Glaubenssätze« geführt haben.

ÜBUNG

Meine Botschaften und ihre Geschichte

Suchen Sie sich anhand der Liste und Ihrer Ergänzungen Ihre wichtigsten Mutter-Botschaften heraus. Formulieren Sie diese Sätze in der Ich-Form und als Tatsachenaussage. Beispiel:

- Ich werde nur geliebt, wenn ich besondere Leistungen vollbringe.

Beschäftigen Sie sich nacheinander mit jedem einzelnen der Sätze.

- Versuchen Sie sich an die Situationen zu erinnern, in denen sich der Satz entwickelt hat.
- Durchleben Sie die Erinnerungen, die jeder einzelne Satz in Ihnen wachruft, noch einmal mit allen dazugehörigen Gefühlen.
- Setzen Sie sich dazu entspannt hin, schließen Sie die Augen und lassen Sie die Szenen wie einen Film vor Ihrem inneren Auge ablaufen.
- Sie werden dabei vermutlich erleben, dass ganz ähnliche Gefühle heute in Ihnen auftauchen, wenn es um die Partnersuche geht (z. B. Scham, Angst, Ärger, Enttäuschung, Verzweiflung).

Lassen Sie die aufsteigenden Gefühle zu. Unter Umständen müssen Sie heftig weinen, oder Sie erleben den alten Schmerz körperlich als Enge in der Kehle oder Druck im Brustraum. Wenn Sie sich nicht gegen diese Empfindungen wehren, sondern sie durch Ihren Körper hindurchgehen lassen, lösen sie sich langsam wieder auf.

ACHTUNG

Wenn Ihnen eine Erinnerung zu unangenehm wird bzw. negative Gefühle Sie zu überwältigen drohen, brechen Sie die Übung bitte ab: Atmen Sie tief durch, spüren Sie den Kontakt Ihrer Fußsohlen mit dem Boden. Sagen Sie laut oder mit Ihrer inneren Stimme:

- »Das ist nur eine Erinnerung. Das ist vorbei. Hier und jetzt ist alles in Ordnung.«

Nehmen Sie zum Schluss Abschied von den Botschaften Ihrer Mutter. Sagen Sie laut oder mit Ihrer inneren Stimme:

- »Mutter, ich bin bereit, diesen Satz aufzugeben. Er mag für dich gelten, ich gebe ihn dir zurück.«

ACHTUNG

Traumatische Erinnerungen (z. B. an körperliche oder sexuelle Gewalt) sollten Sie nur im sicheren Rahmen einer qualifizierten psychotherapeutischen Behandlung bearbeiten. Dasselbe gilt, falls Sie unter psychosomatischen Krankheiten wie Asthma, Colitis oder Rheuma leiden, die sich durch psychische Belastungen verschlimmern können, oder zu Depressionen oder Panikattacken neigen.

Außerdem wichtig: Erwarten Sie keine Wunder. Sie haben Jahrzehnte gebraucht, Ihre inneren Überzeugungen aufzubauen - sie werden nicht nach einer Übung verschwinden. Das liegt nicht zuletzt daran, dass diese inneren Muster uns Sicherheit geben. Wir haben uns jahrelang an ihnen orientiert. Und selbst wenn wir damit eher schlechte Erfahrungen gemacht haben, sind die uns wenigstens vertraut und machen einen Teil unserer Persönlichkeit aus. Die alten Sätze werden vermutlich immer mal wieder in Ihnen auftauchen. Begegnen Sie Ihnen gelassen, aber mit Entschiedenheit und schicken Sie sie dahin zurück, wo sie hingehören: in die Vergangenheit.

CHECKLISTE

Hilfreiche Mutmacher

Sätze, mit denen Sie sich stärken können, wenn negative »Mutter-Botschaften« zum Vorschein kommen.

- Ich habe das nicht mehr nötig.
- Das gehört der Vergangenheit an.
- Ich bin kein Kind mehr.
- Ich entscheide selbst, was für mich richtig ist.
- Daran glaube ich nicht mehr.
- Ich habe eine (neue) Haltung dazu gefunden, die mir gut tut.

Weitere persönliche Mutmacher:

Eigene Botschaften formulieren

Es kann sein, dass einige Botschaften unserer Mütter zumindest teilweise richtig sind; in ihrer erdrückenden Totalität sind Sätze wie »Wenn du so launisch bist, wird dich kein Mann ernst nehmen« jedoch unangemessen und unwahr. Und sie blockieren Sie in Ihren Entscheidungen. Deshalb: weg mit solchen Sätzen.
Es reicht aber nicht, negative Überzeugungen aufzugeben; sie müssen durch neue, positive ersetzt werden – sonst entsteht ein inneres Vakuum, das unsicher macht, und den alten Überzeugungen wieder Nährboden gibt.

Erinnern Sie sich an all die Situationen, in denen Sie von einem Mann ernst genommen wurden:

- **Wie haben Sie sich verhalten?**
- **Was haben Sie gefühlt?**
- **Wie kommt es, dass Sie dieser Erfahrung innerlich so wenig Gewicht geben?**

Positive Botschaften

Wenn Sie innerlich an den Satz glauben: »Ich bin nicht schön genug, um einen Mann zu interessieren«, werden Sie das auch ausstrahlen und sich dementsprechend verhalten, selbst wenn Sie mindestens ebenso gut aussehen wie Ihre Freundinnen.
Nehmen Sie sich Ihre Liste mit den Negativ-Botschaften aus ihrer Mutterbeziehung vor und schreiben Sie zu jedem Satz einen positiven »Kontersatz«. Beispiele:

- **Botschaft:** Du bist nicht schön genug, um einen Mann zu interessieren.
- **Kontersatz:** Ich sehe gut aus und wirke auf Männer attraktiv.

◆ **Botschaft:** Wenn du dich wirklich auf einen Mann einlässt, wird er dich verlassen.

◆ **Kontersatz:** Ich vertraue darauf, dass ich dauerhafte Beziehungen eingehen kann. Ich werde den Partner finden, dem ich vertrauen kann.

◆ **Botschaft:**

◆ **Kontersatz:**

◆ **Botschaft:**

◆ **Kontersatz:**

◆ **Botschaft:**

◆ **Kontersatz:**

Wie die Beziehung zur Mutter uns prägt

Liebesfähigkeit setzt eine gut entwickelte Selbstliebe voraus. »Gesunder Narzissmus« sagen Psychologen dazu. Nur wenn wir uns selbst mit allen Fehlern und Schwächen akzeptieren, entwickeln wir auch für andere ein tiefes Verständnis. Wir sind dann in der Lage, diese Menschen so zu akzeptieren und zu lieben, wie sie sind. Wir müssen sie weder idealisieren noch schlecht machen. Ob und wie wir in Beziehungen mit Verletzungen und Enttäuschungen fertig werden, wird in frühester Kindheit geprägt.

Die gute und die böse Mutter

Jedes Kleinkind erfährt seine wichtigste Bezugsperson, die Mutter, zunächst als zwei verschiedene Menschen: Es kennt eine »gute«, fürsorgliche, liebevolle Mutter und eine vernachlässigende, ablehnende, »böse« Mutter. Es verteilt die positiven und die negativen Anteile, die jede Mutter hat, in seinem emotionalen Erleben einfach auf zwei Personen. So vermeidet das Kind unbewusst innere Konflikte und schützt sich vor der harten Realität: dass Mama sowohl lieb als auch böse sein kann. Diese ursprüngliche kindliche Weltsicht spiegelt sich auch in Märchen wider. Dort werden diese beiden Aspekte der Mutterbeziehung meist von zwei Personen verkörpert, der guten Königin und der bösen Hexe. Wie im Märchen gibt es in der Welt eines Babys nur zwei Bereiche: gut und böse, schwarz und weiß. Einige Menschen kommen nie ganz über diese »binäre« Weltsicht hinweg, in der es keine Abstufungen und Zwischentöne gibt. Andere greifen zumindest unter Stress unbewusst auf sie zurück, weil sie die Dinge vereinfacht.

Widerstreit der Gefühle

Gegen Ende ihres ersten Lebensjahres begreift die Tochter, dass die gute und die böse Mama ein und dieselbe Person ist. Nun erlebt sie zum ersten Mal gemischte Gefühle. Sie entdeckt, dass sie auch von der »lieben« Mama enttäuscht und verlassen werden kann. Wenn alles gut geht, lernt sie, die Mutter als Gesamtheit mit guten und schlechten Seiten wahrzunehmen. Das bedeutet, dass sie auch auf die »gute« Mama böse werden kann. Liebe und Hass gelten einem Menschen, der beides in uns auslösen kann. Gefühle innerhalb ein und derselben Beziehung sind zwangsläufig ambivalent. Der Mensch, den wir lieben, kann uns in tiefste Verzweiflung stürzen. Er kann uns enttäuschen, rasend machen, und dennoch bleibt die Liebe bestehen. Wir können darüber hinwegkommen, uns wieder versöhnen und neues Vertrauen fassen. Das gilt für unsere erste »Liebe« zu Mama und für alle nachfolgenden Liebesbeziehungen. Wer mit den zwiespältigen Gefühlen gegenüber der Mutter umgehen kann, hat beste Voraussetzungen für sein späteres Liebesleben. Viele Partnerschaften scheitern daran, dass wir die Ambivalenz nicht aushalten können und uns entziehen oder die Beziehung ganz beenden, wenn wir außer Zuneigung auch Ärger und Enttäuschung spüren. Wie können wir jemanden lieben, der uns so verletzt hat? Wie können wir jemandem verbunden sein, der so viel Angst in uns auslöst?

Die erste Liebe gilt der Mutter

Nach der »Bindungstheorie«, die heute in der Psychologie allgemein anerkannt wird (Seite 45), ist die Beziehung zu den Eltern und besonders zur Mutter unser Ur-Modell für alle späteren Beziehungen. Die Wissenschaftler gehen davon aus, dass sich in dieser frühen Lebensphase unser persönlicher Stil herausbildet, mit dem wir später unsere sozialen Beziehungen und besonders unsere Zweierbeziehungen gestalten.

Die Beziehung zur Mutter ist in der Regel unsere erste zutiefst prägende Bindung. Sie ist unser erstes Liebesobjekt, und mit ihr machen wir unsere ersten intensiven Beziehungserfahrungen. Babys lieben ihre Mütter vom ersten Augenaufschlag an – bedingungslos. Jedenfalls bringen sie die Bereitschaft zu dieser Liebe mit. Ob sie Vertrauen in Beziehungen fassen oder nicht, ob sie das viel beschriebene »Urvertrauen« aufbauen, hängt weitgehend davon ab, wie die

Mutter auf die Liebesbereitschaft ihrer Babytochter reagiert. Vom ersten Atemzug an lernen Kinder aus der direkten Interaktion mit ihr. Sie finden schnell heraus, wie sie ihre Aufmerksamkeit und Liebe bekommen können, die ihnen lebensnotwendig ist. Nicht nur, weil sie es ist, die sie versorgt, füttert, pflegt und ihr Überleben sichert. Sondern vor allem auch, weil Kinder neben ihren körperlichen Bedürfnissen ein tiefes Verlangen nach Bindung mitbringen. Wird dieses Verlangen nicht befriedigt, verkümmern sie seelisch und ihre Bindungsfähigkeit leidet. Je besser die Mutter seine Signale wahrnehmen und deuten kann, desto größer die Sicherheit des Kindes, dass seine Wünsche wahrgenommen und seine Gefühle erwidert werden. Diese Erfahrung prägt fürs Leben.

Erste Beziehungslektionen

Eine Mutter, die ihre verzweifelt weinende Tochter auf den Arm nimmt, sie anschaut und mit beruhigenden Lauten zu trösten versucht, hilft ihr nicht nur, sich wieder zu beruhigen. Sie vermittelt ihr auch eine Grundlektion in Vertrauen und Beziehungsfähigkeit:

→ **Ich werde gesehen und gehört.**
→ **Jemand ist für mich da und gibt mir Sicherheit.**
→ **Ich fühle mich geborgen und zugehörig.**

Eine Mutter, die das Weinen ihrer kleinen Tochter möglichst lange ignoriert und sich sagt: »Sie wird sich schon beruhigen. Wenn ich bei jedem Weinen hingehe, gewöhnt sie sich nur an, wegen jeder Kleinigkeit zu schreien«, gibt eine ganz andere Beziehungsbotschaft. Die Tochter lernt:

→ **Meine Bedürfnisse sind nicht wichtig.**
→ **Besser, ich nehme mich ganz zurück und sorge selbst für mich.**

Oder auch:

→ **Meine Bedürfnisse werden nur wahrgenommen, wenn ich ganz großes Theater darum mache.**

Und, das Fazit aus allem:

→ Ich kann anderen nicht vertrauen.

Wenn eine überforderte Mutter dem Kind gar »böse Absichten» unterstellt – »Sie heult nur schon wieder, um mich in den Griff zu kriegen. Sie will mir einfach keine Ruhe lassen!« –, fühlt die Tochter sich verunsichert und abgelehnt:

→ Meine Bedürfnisse sind nicht richtig.
→ Mein Wunsch nach Nähe ist verkehrt, ich löse damit Feindseligkeit aus.
→ Ich kann meinen Gefühlen nicht vertrauen.

Das sind nur grob vereinfachte Facetten aus der komplexen Wechselbeziehung zwischen Mutter und Tochter. Im alltäglichen Zusammenleben der beiden wiederholen sich bestimmte Muster, die das Selbstvertrauen und Selbstwertgefühl der Tochter entscheidend prägen. Aus diesen Erfahrungen entwickelt sich ihr »Bindungsstil« (Seite 46). Für die Mutter (oder eine andere erste Bezugsperson) gilt mehr als für alle anderen: Ohne sie sind wir nichts. Es sind die Interaktionen mit ihr, die uns bedeuten, was wir sind – und uns zu der machen, die wir sind.
Frauen mit einer positiven und befriedigenden Mutterbeziehung erleben die eigenen seelischen und körperlichen Bedürfnisse als etwas Normales. Sie haben in Kindheit und Jugend eine selbstverständliche Freude am Körper, an ihrer Vitalität, am Essen und an der Sexualität entwickelt. Sie können ihre Emotionen zulassen und ausdrücken und die Gefühle anderer wahrnehmen und darauf eingehen. Sie haben ein positives Selbstbild als Frau, eine stabile Identität als liebenswertes weibliches Wesen. Sie können die Mutter als weibliches Vorbild akzeptieren und zugleich ihren eigenen Weg gehen. In Liebesbeziehungen können sie körperliche und emotionale Intimität teilen, weil sie sich ihrer eigenen Identität sicher sind.
Nur wenige Frauen haben das Glück, unter so idealen Bedingungen ins Leben zu starten. Die meisten müssen sich ihr Selbstwertgefühl und die Zufriedenheit in Beziehungen erarbeiten.

CHECKLISTE

Stärkende Mutter-Botschaften

Eine ideale Mutter würde ihrer Tochter Sätze wie diese mit auf den Weg geben:

- Du bist willkommen.
- Ich freue mich über dich.
- Ich sorge für dich.
- Du kannst mir vertrauen.
- Ich gebe dir Halt.
- Ich bin für dich da.
- Ich liebe dich für das, was du bist, und nicht für das, was du tust.
- Du bist etwas ganz Besonderes für mich.
- Ich liebe dich und gestehe dir zu, anders zu sein als ich.
- Wenn ich Nein sage, dann aus Liebe zu dir.
- Meine Liebe macht dich gesund.
- Ich sehe dich, und ich höre dich.
- Du brauchst keine Angst (mehr) zu haben.
- Du kannst deiner inneren Stimme vertrauen.

ÜBUNG

Meine guten Mutter-Botschaften

Lesen Sie sich die Sätze auf Seite 43 laut vor.
Einige werden Ihnen bekannt vorkommen, weil Ihre Mutter sie Ihnen vermittelt hat.
Achten Sie besonders auf die Botschaften, die Sie nicht kennen, die Sie aber gerne von Ihrer Mutter hören würden.
Stellen Sie sich vor Ihrem inneren Auge Ihre Mutter (oder eine ideale Mutterfigur) vor, wie sie diese Sätze nacheinander sagt.
Lassen Sie jeden Satz auf sich wirken:

- **Welche Gefühle löst der jeweilige Satz in Ihnen aus?**

- **Wie spüren Sie die Wirkung des Satzes in Ihrem Körper?**

Gibt es sonst noch Sätze, die Sie gern von Ihrer idealen Mutter hören würden?

____

____

____

Mit Ihren ›Stärkungssätzen‹ können Sie sich selbst aufbauen. Wenn Sie zum Beispiel innerlich verunsichert sind, sagen Sie sich:

- **Ich kann meiner inneren Stimme vertrauen.**

Oder stärken Sie sich mit

- **Ich liebe mich für das, was ich bin, und nicht für das, was ich tue,**

wenn Sie sich mutlos oder überfordert fühlen.

Kennen Sie Ihren Bindungsstil?

Wie sich ein Mensch in einer Liebesbeziehung verhält, wie er mit Nähe und Distanz, Zuneigung und Zurückweisung umgeht, wird in der frühen Kindheit geprägt, so die psychologische Bindungstheorie. Sie basiert unter anderem auf einem Experiment, bei dem beobachtet wurde, wie sich Kleinkinder verhalten, wenn ihre Mütter für eine Viertelstunde den Raum verlassen und danach wiederkommen.

- Einige Kinder schmiegten sich sofort an die Mutter, nahmen ihren Trost an und beruhigten sich schnell. Solche Kinder sind nach Ansicht der Bindungstheorie »sicher gebunden«: Sie fühlen sich geliebt und geborgen und können das Erlebnis der Trennung schnell überwinden. Menschen mit einem »unkomplizierten« Bindungsstil haben wenig Angst vor dem Verlassenwerden. Es fällt ihnen relativ leicht, Beziehungen einzugehen und sie positiv zu gestalten.
- Andere Kinder reagierten deutlich gekränkt: Sie wollten nicht auf den Arm der Mutter, schrien und waren nicht zu trösten. Es fiel ihnen sichtlich schwer, die Wut über das Verlassenwerden zu verarbeiten und sich wieder auf die neue Situation einzustellen. Solche Kinder sind laut Bindungstheorie »unsicher gebunden«. Menschen mit diesem »ängstlichen« Bindungsstil neigen in späteren Beziehungen häufig zum Klammern und zu Panik in Trennungssituationen.
- Einige Kinder hatten zwar geweint, solange die Mutter weg war, blieben aber seltsam ungerührt, als sie zurückkam und ignorierten sie einfach. Die Coolness solcher Kinder täuscht über eine innere emotionale Erregung hinweg, die sich physiologisch messen lässt. Sie haben sich offenbar (schon) darauf eingestellt, dass es keinen Sinn hat, gegen das Weggehen der Mutter zu protestieren. Sie haben gelernt, ihre Gefühle nach dem Motto »Ist mir doch egal!« zu bagatellisieren. Um den Trennungsschmerz zu mildern, machen sie sich die Mutter weniger wichtig. Menschen mit diesem distanzierten Bindungsstil geben sich im späteren Leben nach dem Motto »Ich brauche niemanden« pseudo-unabhängig und tun sich schwer, Liebe und Zuwendung anzunehmen oder zu geben.

Das Verhalten in Trennungssituationen ist lediglich ein »Symptom« für einen bestimmten Bindungsstil:

CHECKLISTE

Bindungsstile im Vergleich

Welche Beschreibung trifft am ehesten auf Sie zu?

Unkomplizierter Typ

Ich weiß, dass ich ein wertvoller Mensch bin. Ich kann meine Wünsche und Bedürfnisse wahrnehmen, aber ich berücksichtige auch die anderer Menschen. Ich gehe gern Beziehungen ein, kann aber ebenso gut alleine sein. In engen Beziehungen fühle ich mich aufgehoben und geborgen. Ich habe selten Angst, dass ich verlassen werden könnte. Ich kann meine Gefühle gut zum Ausdruck bringen, aber ich achte dabei auf die jeweilige Situation. Ich kann mein Leben selbstständig bewältigen, aber es macht mir auch nichts aus, andere um Hilfe zu bitten.

Grundsätzlich bin ich bereit, mich auf andere zu verlassen und meinerseits anderen zu helfen.

Ängstlicher Typ

Ich habe oft das Gefühl, nicht so viel zu zählen wie andere, und nehme meine Wünsche nicht so wichtig. Ich sehne mich nach Nähe und Geborgenheit, werde dabei aber oft enttäuscht. Ich brauche die Bestätigung, dass jemand mich liebt und akzeptiert. Ohne feste Beziehung fühle ich mich leicht hilflos und verloren. Ich bin ein emotionaler Typ und kann meine Gefühle schlecht für mich behalten. Es kann vorkommen, dass ich von meinen Emotionen überwältigt werde. In Beziehungen habe ich Angst, verlassen zu werden und wieder allein zu sein. Ich neige dazu, von anderen abhängig zu sein.

Ich fühle mich oft darauf angewiesen, dass andere mir helfen, meine Probleme zu lösen.

Distanzierter Typ

Ich weiß, dass ich ein wertvoller Mensch bin. Ich fühle mich nicht minderwertig, eher manchmal den anderen ein bisschen überlegen. Ich kenne meine Bedürfnisse und setze mich für sie ein. Andere sind mir weniger nahe. Ich halte die meisten Menschen auf Distanz. Ich habe meine Gefühle unter Kontrolle. Es wäre mir unangenehm, anderen zu viel von meinen Gefühlen zu zeigen. Sie sollen nicht mitbekommen, wenn es mir schlecht geht. Das könnte als Schwäche ausgelegt werden. Ich bitte andere ungern um Hilfe.

In erster Linie verlasse ich mich auf mich selbst.

Diese Beschreibungen sind sehr reduziert und »typisch«, deshalb werden Sie sich nirgendwo exakt wiederfinden. Aber beim Durchlesen haben Sie wahrscheinlich gespürt, welcher Bindungsstil Ihnen nahe liegt. Manchmal mischen sich auch zwei Bindungsstile. So gehören einige Menschen in Freundschaften eher zum unkomplizierten Typ, neigen in Liebesbeziehungen jedoch zum ängstlichen oder distanzierten Stil.

Wir sind nicht ewig Kinder

Tatsache ist: Wir starten mit unterschiedlichen Voraussetzungen ins Beziehungsleben. Die einen mit einem netten Guthaben an Selbstwertgefühl, die anderen mit einer Hypothek an Selbstzweifeln, die meisten irgendwo dazwischen. Aber: Die Guthaben sind keine Garantie für ewigen Wohlstand, die Hypotheken müssen niemanden ewig belasten. Wir werden erwachsen und tragen mehr und mehr selbst die Verantwortung dafür, was wir aus unseren Konten machen. Auch die beste Mutterbeziehung ist kein Garant dafür, dass es mit Männern klappt.

Liebevolle Mütter sind manchmal auch erdrückend oder verwöhnen im Übermaß. Und eine schwierige Mutterbeziehung wird oft ausgeglichen durch andere Beziehungen, in denen wir gute mütterliche Qualitäten finden: andere Verwandte, Nachbarinnen, Lehrerinnen, Kolleginnen, Freundinnen ...

Wir bleiben nicht ewig Gewinner oder Opfer unserer Kindheit. Als erwachsene Frauen behindert es uns nur, Mama weiterhin die Schuld zu geben an unserer Einsamkeit, uns immer noch über ihre Kälte oder Ungerechtigkeit zu beklagen. Es ist an der Zeit zu entdecken, dass wir nicht mehr auf sie angewiesen, nicht mehr von ihrer Zuwendung abhängig sind. Wir können lernen, uns selbst zu bemuttern. Dazu gehört, dass wir uns loben, bestärken, trösten, aufbauen, Mut machen, beruhigen und Schutz geben können. Vor allem aber ist wichtig, dass wir uns selbst annehmen und lieben.

ÜBUNGEN

Ihr Liebesbrief an sich selbst

Wie würde der Mensch, der Sie am meisten liebt, Sie beschreiben? Ihren Körper, Ihr Wesen, Ihre Fähigkeiten, Ihre Ausstrahlung?

- **Schreiben Sie es auf als einen Brief an sich selbst. Lesen Sie sich diesen Brief laut vor.**

In Liebe baden

Konzentrieren Sie sich auf jemanden, den Sie lieben – einen Menschen oder auch ein Tier:

- **Stellen Sie sich dieses Wesen vor Ihrem inneren Auge ganz genau vor und achten Sie darauf, wie sich das Gefühl von Liebe in Ihrem Körper ausbreitet.**
- **Wo und auf welche Weise empfinden Sie die Liebe körperlich? Können Sie das beschreiben?**

____

____

____

- **Versuchen Sie, dieses Gefühl innerlich zu bewahren.**
- **Wenden Sie sich dann mit Ihrer Aufmerksamkeit ganz Ihrem eigenen Körper zu. Während Sie weiterhin an dem Gefühl festhalten, baden Sie Ihren Körper in diesem Liebesgefühl.**
- **Nehmen Sie wahr, wie Sie sich dabei fühlen.**

KURZ GEFASST

Eine der wichtigsten Beziehungen im Leben überhaupt ist die Beziehung zur Mutter. Wenn sich ein Kleinkind von Anfang an geliebt, angenommen und beschützt fühlt, wenn es spürt, dass seine Bedürfnisse wahrgenommen werden, dass es bei seiner Mutter immer sicher und geborgen ist, sind das ideale Voraussetzungen für seine Entwicklung. Es lernt, sich auf Beziehungen einzulassen, anderen zu vertrauen. Es kann Hilfe annehmen, fordern und später seinerseits für andere da sein. Frauen, die so eine »Ausstattung« mitbringen, werden es vergleichsweise leicht haben, einen Partner zu finden, mit dem sie glücklich werden können. Falls Sie zu denen gehören, denen es nicht so gut geht - und das sind die meisten -, fühlen Sie sich vielleicht vom Leben ungerecht behandelt. Doch das hilft nicht weiter! Schauen Sie nach vorn und sorgen Sie dafür, dass Sie die Liebe, Anerkennung, Geborgenheit, die Ihnen bisher gefehlt haben, auch bekommen. Der erste Schritt: Lernen Sie, sich selbst zu lieben.

Ach, PAPA …

»My heart belongs to Daddy«, schmachtete schon Marylin Monroe in dem Film »Machen wir's in Liebe«. An dem Song ist was dran:
Unser Vater ist der erste Mann in unserem Leben, und ihn suchen wir in jedem Partner.

Die erste große Liebe

Zu Mama entwickeln wir unsere erste liebevolle Beziehung, aber Papa ist Partner in unserer ersten Liebesbeziehung zum anderen Geschlecht. Er ist der erste Mann, der von uns begeistert ist, oder eben leider nicht. Auf jeden Fall ist er der Erste, den wir beeindrucken, dessen Liebe wir spüren möchten. In seinen Augen spiegelt sich unsere Wirkung als weibliches Wesen. Unsere Mutter kann uns noch so stolz und voll Zuneigung betrachten: Mama ist eine Frau. Sie kann uns nicht dieselbe Bestätigung unserer Weiblichkeit geben, die uns ein aufrichtig anerkennender Blick des Vaters bringt. Von der Mutter bekommen wir – wenn alles gut geht – das Urvertrauen in die Tragfähigkeit von Beziehungen und das Gefühl, als Mensch etwas wert zu sein. Das Begehrtwerden durch das andere Geschlecht kann nur vom Vater kommen. Er gibt uns die Anerkennung, als Frau positiv auf Männer wirken zu können. Dieses Gefühl brauchen wir, um Männern selbstsicher gegenübertreten zu können.

Wie Papa uns wahrnimmt

Anerkennende Blick und positive Kommentare des Vaters nehmen wir schon als kleine Mädchen mit jeder Faser unseres Körpers auf. Die Botschaft, dass wir vom anderen Geschlecht beachtet und als attraktiv wahrgenommen werden, wird Teil unseres Selbst. Wenn umgekehrt der Vater unser Aussehen ständig abwertet (»Du hast aber auch dicke Oberschenkel!«), speichern wir diese Erfahrung als Defizit in unserer weiblichen Identität. In Wahrheit war Papa vielleicht zu belastet, emotional zu gehemmt oder zu selbstbezogen, um seine Tochter zu beachten. Aber Kinder nehmen die Schwächen der Erwachsenen nicht wahr, sondern suchen den Fehler bei sich. Bekommt ein Mädchen von seinem Vater keine Aufmerksamkeit oder nur Kritik, wird es daraus wahrscheinlich schließen:

→ **Ich bin nicht wichtig genug, von ihm wahrgenommen zu werden.**

Oder, noch schlimmer:

→ **Ich verdiene es nicht, geliebt zu werden. Also bin ich wertlos.**

Die Erfahrung, für den wichtigsten Mann im Leben bedeutungslos und unattraktiv zu sein, wird im Selbstbild verankert und in der Folge auf alle Männer übertragen. Das Desinteresse des Vaters hat mit der Tochter meist wenig zu tun. Trotzdem bleibt bei vielen Mädchen als Botschaft hängen:

→ **Ich bin keine vollwertige Frau.**

Neben den negativen Botschaften der Mütter ist das die wichtigste Ursache der verheerenden Minderwertigkeitsgefühle, die viele Frauen gegenüber Männern haben.

Eine schwierige Beziehung

Mädchen, die von ihren Vätern nicht wahrgenommen werden, leiden schon früh unter diesem Mangel an Zuwendung. Denn es gehört zu den kindlichen Grundbedürfnissen, gesehen und gehört, geliebt und wertgeschätzt zu werden. Und Kinder brauchen das Gefühl, selbst lieben zu können, von ganzem Herzen, ohne Einschränkungen und Bedingungen. Deshalb ziehen wir alle Register, um die Liebe des Vaters zu erringen – oft ohne Erfolg. Und wir wollen um fast jeden Preis unseren Vater lieben. Wie aber soll eine Tochter ihren Vater lieben, wenn sie ihn (emotional) nicht erreicht?
Dass Väter ihre Kinder nicht nur ernähren und erziehen, sondern sich intensiv um ihre Kinder kümmern und deren Entwicklung

begleiten, ist relativ neu. Die meisten Frauen im Alter ab 25 aufwärts sind mit einem »abwesenden« Vater aufgewachsen: Väter können verschwinden, selbst wenn sie körperlich präsent sind. Viele Klientinnen schildern Erinnerungen wie diese:

Er saß im Sessel und verströmte schweigend eine Aura von Unberührbarkeit.

Gab es doch einmal Reaktionen, so meist in Form von Verboten, Zurechtweisungen oder Strafen. Mit einem ausgestopften Bären hätten die Töchter mehr Spaß gehabt und mehr über Beziehungen gelernt. Solche Väter haben ihnen beigebracht, wie man Nähe vermeidet. Und in die Welt der Fantasie verlagert.
Andere Väter verschwinden auch in ihrer Freizeit – in den Hobbykeller, zu Vereinssitzungen, auf den Rennplatz, ins Stadion oder einfach in die Kneipe. Egal, wo sie abbleiben, indirekt vermitteln sie ihren Töchtern:

→ Das, was ich da erlebe, ist mir wichtiger als du.

Und die Töchter resignieren entweder mit dieser Botschaft (»Ich werde nie für einen Mann wichtig sein«) oder bemühen sich mit detektivischer Beobachtungsgabe, herauszufinden, wie sie den Vater doch beeindrucken und auf sich aufmerksam machen können. In der Pubertät brauchen Mädchen die respektvolle Bestätigung durch den Vater ganz besonders. Doch gerade dann verschwinden viele Väter endgültig aus dem Leben ihrer Töchter, weil die Beziehung zur Mutter in die Brüche geht.
Einige Männer fallen ins andere Extrem und wenden sich ihren Töchtern zu sehr zu. Um eigene Mängel auszugleichen, missbrauchen sie die Lebendigkeit und Zuneigung ihrer Töchter und befriedigen so die eigenen emotionalen oder sexuellen Bedürfnisse. Sie werden »übergriffig« und benutzen ihre Töchter, ohne etwas von deren Gefühlen und Bedürfnissen verstanden zu haben.
Auch ohne solche traumatischen Erfahrungen ist die Beziehung zum Vater meist eine Geschichte unerwiderter Liebe. Und das hat Auswirkungen auf unser späteres Beziehungsleben.

CHECKLISTE

Stärkende Vater-Botschaften

Ein idealer Vater würde seiner Tochter Sätze wie diese mit auf den Weg geben:

- Ich liebe dich, wie du bist.
- Ich vertraue dir. Ich bin sicher, du gehst deinen Weg.
- Ich setze Grenzen.
- Wenn du fällst, helfe ich dir wieder auf.
- Ich beschütze dich.
- Du bist etwas ganz Besonderes für mich. Ich bin stolz auf dich.
- Auf meine Unterstützung kannst du dich verlassen.
- Du bist schön. Ich freue mich, dass du eine Frau bist.

Gibt es sonst noch Sätze, die Sie gern von Ihrem idealen Vater hören würden?

____

____

____

____

____

____

ÜBUNG

Meine guten Vater-Botschaften

Lesen Sie sich die Sätze auf Seite 55 laut vor. Einige werden Ihnen bekannt vorkommen, weil Ihr Vater sie Ihnen vermittelt hat. Achten Sie besonders auf die Botschaften, die Sie nicht kennen, die Sie aber gerne von Ihrem Vater gehört hätten.
Stellen Sie sich vor Ihrem inneren Auge Ihren Vater (oder eine ideale Vaterfigur) vor, wie er diese Sätze nacheinander sagt. Lassen Sie jeden Satz auf sich wirken:

- **Welche Gefühle löst der jeweilige Satz in Ihnen aus?**
- **Wie spüren Sie die Wirkung des Satzes in Ihrem Körper?**

Üben Sie sich auch hier darin, sich mit solchen Stärkungssätzen selbst aufzubauen. Sagen Sie sich zum Beispiel:

- **Ich mag mich, wie ich bin.**

Oder:

- **Ich bin schön. Ich freue mich, eine Frau zu sein.**

Weitere persönliche Mutmacher:

____

____

____

____

____

____

Papas kleiner Liebling

Marie ist die jüngste von fünf Geschwistern. Ihr Vater ist leitender Manager in einem großen Konzern und die unbestrittene Autorität in der Familie. Allerdings ist er fast nie da, weil er beruflich oft ins Ausland muss. Marie hat wenig Erinnerungen an ihren Vater. Aber gerade durch seine Abwesenheit ist er besonders präsent. Sie hat Sehnsucht, ohne zu wissen, wonach denn eigentlich. Marie und ihre vier Brüder – alle rangeln um Aufmerksamkeit, denn Liebe und Zuwendung sind Mangelware. Die Mutter ist eine stille Frau und voll damit beschäftigt, den großen Haushalt und die Kinder zu versorgen. Sie hat sich ihrem Mann untergeordnet und setzt alles daran, ihre Rolle perfekt auszufüllen. Es gibt immer frisch gebügelte Wäsche, aber viel Wärme ist von der Mutter nicht zu erwarten. Marie als Jüngste droht ganz unterzugehen.

Aber sie hat einen Trumpf – sie ist das einzige Mädchen.

Und deshalb etwas Besonderes, jedenfalls für Papa. Für Mama ist sie eher eine kleine Konkurrentin. Es gibt kostbare Momente, in denen der Vater sich nur ihr zuwendet, weil sie so klein und niedlich ist. Mal puzzelt er mit ihr auf dem Fußboden, mal bewundert er ihren neuen Schlafanzug; aber das schöne Pferdebild, das Marie für ihn gemalt hat, schaut er sich gar nicht richtig an. Von den älteren Geschwistern lernt sie, sich dem Vater besser nicht entgegenzustellen, nichts zu fordern, nichts zu kritisieren. Auseinandersetzungen enden immer damit, dass er sein Gegenüber mit Argumenten »platt macht«, seine Frau, seine Söhne, auch seine kleine Tochter. Er duldet keinen Widerspruch und äußert nie etwas Persönliches. Er fragt höchstens mal nach der letzten Klassenarbeit. Er hört nicht zu, wenn Marie ihm ihr neuestes Abenteuer mit ihrem Meerschweinchen erzählen will. Dann wieder sitzt er abends an ihrem Bett und erzählt ihr eine Geschichte, die sie nicht versteht, aber sie ist selig über die Nähe.

Papa verschwindet

Als Marie sechs Jahre alt ist, verlässt der Vater die Familie ganz, um nach Jahren der Heimlichkeit mit seiner Geliebten zusammenzuleben. Er zahlt weiterhin den Unterhalt, aber die Kinder sehen ihn gar nicht mehr. Mit der Mutter hat er die Vereinbarung getroffen, den Kindern nichts von der Trennung zu sagen und vorerst so zu tun, als liefe das »Familienleben« normal weiter. Dass ihr Vater endgültig aus ihrem Leben verschwunden ist, ohne sich zu verabschieden, begreift Marie erst, als sie nach einem Jahr aus dem großen Haus in ein viel kleineres umziehen.
In den sechs Jahre »mit« ihrem Vater (die eigentlich auch schon »ohne ihn« waren) hat Marie fürs Leben mitbekommen:

→ **Meine Bedürfnisse und meine Meinung zählen nicht.**

→ **Ob ich beachtet werde, ist unberechenbar. Es hängt nicht mit meinen Qualitäten und Fähigkeiten zusammen. Ich habe keinen Einfluss darauf.**

→ **Ich habe nichts an mir, was jemanden an mich binden kann.**

→ **Meine Liebe ist nichts wert. Man kann mich ohne weiteres verlassen.**

→ **Nur wenn ich mich bemühe, besonders zu sein und Aufmerksamkeit zu erregen, kann ich auf etwas Zuwendung hoffen.**

Marie hat später ein ambivalentes Verhältnis zu Männern. Sie gerät leicht ins Schwärmen, ist schnell entflammt für den Reitlehrer, den Schulsprecher aus der Nachbarstadt, einen jungen Schauspieler an der städtischen Bühne. Männer, die schwer zu erreichen sind und die sie eigentlich nicht wirklich kennt - wie Papa. Zeigt ihr Schwarm doch Interesse, fühlt sie sich unsicher. Nach außen versucht sie, sich als brillant und geheimnisvoll zu inszenieren. Dahinter lauert die ständige Panik, nicht interessant genug zu sein, und jederzeit fallen gelassen zu werden. Hält sie die Anspannung nicht mehr aus, können ihre Gefühle auch plötzlich kippen.

Dann findet sie den Traummann gar nicht mehr so toll. Ihre ersten Beziehungen laufen mehr in der Fantasie ab als in der Realität. Aber gerade dadurch sind sie sehr gefühlsintensiv. Lange Zeit gelingt es Marie nicht, eine feste Beziehung einzugehen.

Das ewige kleine Mädchen

Frauen wie Marie haben Männern gegenüber eine Grundhaltung der Hilflosigkeit gelernt. Dazu kommt ein starkes Geltungsbedürfnis, da die Väter sie mit viel unerfüllter Sehnsucht zurückgelassen haben. Und in ihrer Fantasie hätscheln sie die Situationen, wo Nähe möglich war, als etwas ganz Besonderes. Ihrer großen Angst vor Enttäuschung und Verlust steht der Traum von einer Beziehung gegenüber, die nur aus solchen wunderbaren Momenten bestehen wird. In der Realität fühlen sie sich vom Interesse und der Bestätigung durch Männer extrem abhängig, aber gleichzeitig völlig verunsichert und hilflos. Begegnen sie einem interessanten Mann, werden sie wieder zum kleinen Mädchen. Dieses Kind, zerrissen zwischen Angst und Hoffnung, neigt dazu, Situationen zu dramatisieren. Sowohl Interesse als auch Rückzug ihres Gegenübers werden leicht überbewertet, Kritik kränkt oft tief.

Nach außen wirken solche Frauen kapriziös und kompliziert, da sie ihre Hilflosigkeit geschickt verbergen. Im Beruf können sich viele sehr wohl durchsetzen und ihre Meinung vertreten. Männer empfinden diese Frauen als verwirrend und anstrengend. Sie fühlen sich erst angezogen, dann aber schnell irritiert und überfordert.

KENNEN SIE DAS?

Töchter und ihre Rollen

Die Schweizer Psychotherapeutin Julia Onken beschreibt in ihrem Buch »Vatermänner« (C. H. Beck, 2000) drei »typische« Tochterrollen, die auch ich in meiner psychotherapeutischen Praxis beobachte:

Die Gefalltochter oder Prinzessin

Sie versucht ständig, Vaters Aufmerksamkeit zu erringen, indem sie ihm gefällt. Das Aussehen spielt dabei eine große Rolle. Hübsch und niedlich zu sein, sichert ihren Platz als Papas Herzblatt. Auch dadurch, dass sie brav und artig ist und Papa die Wünsche von den Augen abliest, wirbt sie um seine besondere Zuneigung. Wenn sie Glück hat, wird sie seine kleine Prinzessin.
Im ungünstigen Fall entwickelt sie sich zu einem übersehenen Aschenputtel, das ein Leben lang alles Mögliche inszenieren wird, um wahrgenommen zu werden. Die Gefalltochter läuft immer Gefahr, mit der Mutter in Konkurrenz zu geraten und auch später von anderen Frauen hauptsächlich als Rivalin gesehen zu werden.

Ihr Lebensmotto: »Ich gefalle Männern, also bin ich.«

Ihr Beziehungsmotto: »Sich anpassen und die Wünsche des Partners erfüllen.«

Die Leistungstochter oder würdige Nachfolgerin

Sie bemüht sich, den Vater durch ihre Leistungen und die perfekte Erfüllung seiner Erwartungen zu beeindrucken. Meist identifiziert sie sich dabei mit den Werten und Zielen des Vaters und wird innerlich zu seiner Nachfolgerin. Sie scheut keine noch so große Anstrengung, um seinen Respekt zu gewinnen. Was ihr oft auch gelingt. Sie bekommt Anerkennung für ihre Leistung, aber nicht unbedingt Zuneigung zu ihrer Person – und ist immer in Gefahr, eins mit dem anderen zu verwechseln. Die Beziehung zur Mutter kann durch Rivalität oder eine latente Abwertung belastet sein, wenn die Mutter z. B. als weniger intelligent, leistungsstark oder fleißig gesehen wird. Auch später sind die Beziehungen zu Frauen oft distanziert und kühl.

Ihr Lebensmotto: »Ich bin leistungsstark und erfolgreich, also bin ich.«

Ihr Beziehungsmotto: »Funktionieren und alles im Griff haben.«

Die Trotztochter oder Rebellin

Sie ringt dem Vater Aufmerksamkeit ab, indem sie sich ihm entgegenstellt. Sie kämpft gegen ihn, legt sich quer, besteht trotzig auf ihrer Unabhängigkeit und weicht keiner Grundsatzdebatte mit ihm aus. Durch Widerstand erzwingt sie sein Interesse. Gelingt auch das nicht, zieht sie sich zurück. Aber ihre betonte Autonomie erweist sich oft als Pseudo-Unabhängigkeit.

Ihr Lebensmotto: »Ich spüre Widerstand, also bin ich.«

Ihr Beziehungsmotto: »Kämpfen und keine Kompromisse zulassen.«

ÜBUNG

Gefallen, Leistung oder Rebellion?

Möglicherweise haben Sie Ihre Tochterrolle schon entdeckt. Zwar sind auch hier die Beschreibungen vereinfacht, und Sie finden sich vielleicht nicht in allen Punkten wieder. Hinzu kommt, dass die Muster sich natürlich mischen können. Falls das auch bei Ihnen so ist, entscheiden Sie bei den folgenden Fragen bitte danach, welches Verhalten Sie bei sich am häufigsten beobachten.

Was tun Sie,

- **um zu gefallen ?**
- **um zu beeindrucken?**
- **um Aufmerksamkeit zu bekommen?**

Schreiben Sie auf, was Ihnen zu jeder Frage einfällt.

Jetzt überlegen Sie bitte:

- **Mit welchen Verhaltensweisen sind Sie besonders erfolgreich? Setzen Sie ein Plus hinter die erfolgreichen, ein Minus hinter die eher erfolglosen.**

Wenden Sie bei der nächsten Begegnung mit einem Mann ganz bewusst Ihre erfolgreichsten Strategien an. Bei diesem Experiment dürfen Sie ruhig ein wenig übertreiben.

Werten Sie Ihren Selbstversuch aus:

- **Wie haben Sie sich gefühlt dabei?**
- **Wie hat Ihr Gegenüber reagiert?**
- **Was hat Ihnen gefehlt? - bei sich? - bei Ihrem Gegenüber?**

- Womit waren Sie unzufrieden?
- Was würden Sie in Zukunft gerne ändern?

Dieses Experiment hilft Ihnen, Ihr Grundmuster im Umgang mit Männern zu erkennen. Nur so können Sie Verhaltensweisen ändern, die es Ihnen schwer machen, den richtigen Partner zu finden.

Gefallen um jeden Preis

Ein bisschen Gefalltochter steckt in fast jeder Frau - vermutlich das am meisten verbreitete Muster. Kein Wunder, da doch kleine Mädchen schnell mitkriegen, worauf fast alle Männer reagieren: weibliche Attraktivität. Anerkennende Blicke, verächtliche Kommentare - Papa braucht nicht den »Playboy« zu lesen, es reicht, dass er die hübsche junge Kellnerin freundlicher anlächelt als Mama, und die Tochter hat begriffen: Jung und hübsch zu sein ist ein Trumpf. Auch unabhängig von Papa wachsen Mädchen in eine Konsumwelt hinein, in der ihnen eingebläut wird:

Liebe ist machbar, wenn wir nur gut genug aussehen.

Und mit den entsprechenden Produkten ist das schließlich kein Problem. (Gibt es eine Frau, die davon überzeugt ist, dass sie auch ohne äußerliche Schönheit liebenswert sein kann? Ich würde gerne daran glauben.)
Gelingt es der Tochter trotz aller Bemühungen nicht, von ihrem Vater zur Kenntnis genommen zu werden, fühlt sie sich mangelhaft. Schlimmer noch: Sie fühlt sich so, als wäre sie gar nicht da. Ignoriert, nicht existent.
Bekommt sie keine Reaktionen, verliert sie den Kontakt zu ihrem Körper, ihrer Selbstwahrnehmung. Denn ob sie sich wahrnimmt und wie sie sich fühlt, hängt weitgehend von der Reaktion des Vaters oder der anderer männlicher Bezugspersonen ab. Der Hunger nach

Anerkennung von außen ist so groß, dass sie nicht nach innen spüren, eigene Impulse fühlen und von innen heraus aktiv werden kann. Stattdessen bezieht sie ihre Orientierung zunehmend daraus, welche Resonanz sie beim Vater (oder ersatzweise bei anderen männlichen Bezugspersonen) auszulösen vermag.

Wie Frauen sich selbst verleugnen

Viele Gefalltöchter nehmen beträchtliche Anstrengungen, Entbehrungen und auch Kosten auf sich, um beachtet und geliebt zu werden. Da sie grundsätzlich negative Reaktionen erwarten, können sie Lob kaum annehmen - nicht einmal, wenn es ohne jeden Zweifel ehrlich gemeint ist. Das negative Selbstbild haftet wie Pech. Sie können sich die Nase operieren lassen und endlich wie Meg Ryan aussehen - und leiden trotzdem weiter.

Die Rechnung »Schönheit gegen Anerkennung« geht einfach nicht auf.

Und auch sonst ist das Selbstvertrauen brüchig: Da Gefalltöchter sich (zumindest unbewusst) vor allem daran orientieren, wie sie auf Männer wirken, sind sie leicht zu manipulieren.
Hinzu kommt: Viele erliegen leicht dem klassischen »Blondinen-Syndrom«. Natürlich sind sie nicht weniger intelligent als andere. Ihr Handicap ist, dass sie augenblicklich »verblöden«, wenn ein Mann auftaucht. Dann konzentriert sich nämlich ein Großteil ihrer Energie darauf, ihm zu gefallen. Für geistige Spitzenleistungen bleibt nicht mehr genug übrig, und auf andere wirken sie dann ebenfalls nicht besonders clever. So entwickeln sie mit der Zeit ein Selbstbild, in dem auch sie selbst Intelligenz nicht für ihre Stärke halten - und darunter leidet wiederum ihr Selbstbewusstsein.

Sex als Notlösung

Um Bestätigung zu bekommen, versucht ein Teil der Gefalltöchter, nicht nur optisch aufzufallen, sondern auch zu verführen. Sex - oder die Aussicht darauf - zieht Männer ebenso magisch an wie attraktives Aussehen. Mit der Pubertät beginnt die wunderbare Verwandlung: Wir blühen körperlich auf, entwickeln weibliche Formen - und ziehen plötzlich die Männerblicke auf uns. Vorbei ist die quälende Zeit der Bedeutungslosigkeit.

Wir wecken Interesse, wir werden begehrt, wir haben Macht.

Und dieses beglückende Gefühl wollen wir auskosten. Endlich so eine anziehende Wirkung auf das andere Geschlecht zu haben, soll für seelische Schmerzen und Entbehrungen der Kindheit entschädigen. Wenn Männer uns mit Blicken verschlingen und sich nach uns verzehren, scheinen wir am Ziel unserer Sehnsucht angelangt: endlich dem öden Niemandsland des Nicht-beachtet-Werdens entkommen. Jedenfalls für kurze Zeit. Denn genau genommen bekommen wir nicht das, wonach wir uns sehnen. Körperbetonte Kleidung, sexy Darbietungen auf dem Dancefloor, verführerisches Make-up und ein aufreizendes Lächeln bringen zwar eine Menge Resonanz ein - doch das beschränkt sich auf die körperliche Ebene. Die Männer, die in erster Linie auf solche Signale reagieren, würden uns am liebsten sofort flachlegen. Wir sind in einer neuen Sackgasse gelandet.

Ein schreckliches Missverständnis

Das »Du-liebst-ja-nur-meinen-Körper-und-nicht-mich«-Gefühl erfasst uns. Wieder sind wir nicht wirklich gemeint. Angebaggert und begehrt zu werden, rettet uns zunächst aus der Bedeutungslosigkeit. Doch dann wird uns bewusst: Das ist es nicht, was wir wollen. Ein schreckliches Missverständnis. Wir haben uns vielleicht ein wenig angeboten wie ein Sexobjekt - aber wir sind doch keines. Wir wollten die Männer bloß verführen, uns zu l i e b e n . Stattdessen verbringen sie womöglich eine leidenschaftliche Nacht mit uns und verschwinden dann mit der Morgenzeitung.

Wir fallen wieder in die Leere und Einsamkeit. Fühlen uns gedemütigt, gekränkt und vergessen. Um nicht in diesem schrecklichen Nichts verloren zu gehen, müssen wir umso mehr versuchen, die Aufmerksamkeit, das Begehren der Männer zu wecken. Eine Spirale, die unweigerlich nach unten führt.

Der ewige Flirt mit dem Vater

Sandra ist witzig. Schnell im Kopf und mit dem Mund. Neugierig und intelligent, ein bisschen chaotisch, ein wildes Kind. Sie sieht aus wie ein Fleisch gewordener Männertraum. Langes Blondhaar, lange Beine, lautes Lachen. Sie kleidet sich mit einer lässigen Mischung aus urbaner Coolness und Ibiza-Gipsy. All die Lässigkeit kostet sie eine Menge Zeit, Energie und Geld. Deshalb schafft sie es zeitweise kaum, welches zu verdienen. Gäbe es nicht eine ebenso wohlhabende wie großzügige Großmutter, die fest an Sandras Talent als Moderatorin glaubt, wäre sie schon hoch verschuldet. Sandra selbst sieht sich bereits als ernsthafte Fernsehreporterin.
Aber irgendwie kommen ihre beruflichen Qualitäten nicht zum Zuge. Sie kann sich noch so fest vornehmen, beim nächsten Businesslunch dezent gekleidet zu sein und mit ihrer Kompetenz zu punkten.

Dann zieht sie in letzter Minute doch wieder das auffällige Top über und betont ihre langen Beine.

Sie kann der Versuchung einfach nicht widerstehen, auf Teufel komm raus mit dem potenziellen Auftraggeber zu flirten. Der ist dann auch mächtig an ihr interessiert – als Sexpartnerin, nicht als Mitarbeiterin.
Als sie zuletzt bei einer Fernsehanstalt fest angestellt war, landete Sandra eher früher als später mit ihrem Chef im Bett – was ihr eine tränenreiche Affäre (er war verheiratet) und einen schwer reparablen Karriereknick einbrachte. Sandra fühlt sich, als wäre sie einer Programmierung ausgeliefert, die sie nicht steuern kann. Sie hat die besten Vorsätze, aber dann ... begeht sie denselben Fehler wie schon so oft.

Das Spiel des Vaters

Sandra kommt aus einer Intellektuellenfamilie, die sich an Konventionen nicht gebunden fühlt. Ihr Vater, ein typischer »68er«, war ein analytischer Denker, brillant, cool und sarkastisch. Emotional eher gehemmt, aber ein besessener Schürzenjäger. Er vergötterte Frauen als Sexobjekte und verachtete sie als gleichwertige Partnerinnen. Als er Sandra, seine erstgeborene Tochter, nach der Geburt zum ersten Mal sah, soll er gesagt haben: »Mit dem süßen Arsch landet sie mal beim Film!«
Dass Sandra in der Schule beachtliche Leistungen bei der Interpretation literarischer Texte zeigte, änderte nichts daran, dass er in erster Linie von ihrem Aussehen fasziniert war. Sobald sie alt genug war, ging er mit ihr aus und sonnte sich darin, für ihren Liebhaber gehalten zu werden. Nie stellte er sie als seine Tochter vor, und Sandra war stolz darauf.

Sie fühlte sich emporgehoben an seine Seite. Beachtet und geliebt.

Dass er sie nur benutzte, um sich selbst als Mann aufzuwerten, kam ihr nie in den Sinn, an das unterschwellig erotisierte Spiel hatte sie sich gewöhnt. Es gab nie eine körperliche sexuelle Annäherung. Aber unausgesprochen drehte sich alles um Sex. Die Vater-Tochter-Beziehung war ein einziges Ritual der gegenseitigen Verführung, auch auf der intellektuellen Ebene. Wobei der Vater eindeutig der Regisseur war. Und leider spielt Sandra heute noch perfekt nach seinen Regieanweisungen.

Kein Spaß am Sex

Bei all den erotischen Affären, die sie inzwischen hatte, war Sandra keineswegs von ihrer Lust angetrieben. Genau genommen hat sie nicht viel Spaß an Sex. Sie empfindet körperlich nicht viel dabei und erlebt nur selten einen Orgasmus. Schmusen würde ihr reichen, um sich nah und zufrieden zu fühlen. Aber es geht ja auch nicht um ihre Befriedigung. Es geht um das Spiel des Verführt- und Begehrtwerdens.
Eine innere Stimme ermahnt sie immer wieder: »Wenn er dich nur genug begehrt, wird er dich schließlich lieben und bei dir bleiben.« Also spielt sie im Bett wilde Szenen voller Leidenschaft. Lässt das Begehren ihres Lovers

nach, gerät Sandra in Panik. Auch dieser Mann droht ihr zu entgleiten und das Versprechen auf Liebe nicht einzulösen. Also verabredet sie sich mit ihrem Ex in dem Lokal, in dem ihr Lover mit Sicherheit auftauchen wird. Sie hofft auf eine dramatische Eifersuchtsszene, wenn er sie mit ihrem Ex knutschen sieht.
Dass die Szene in einer handfesten Schlägerei endet, gehörte nicht zu ihrem Plan. Ebenso wenig das, was ihr Liebhaber, der doch in die Knie gezwungen werden sollte, ihr später eröffnet: dass er sie für eine begnadete Edelschlampe hält, mit der man viel Spaß haben kann. Aber auch nicht mehr. Eine feste Beziehung würde er nie mit ihr eingehen. Innerlich zerrissen vor Wut und Enttäuschung macht sie sich zurecht wie Carmen für den Stierkampf und erlegt aus Rache den nächsten Mann. Bis ihr irgendwann dämmert, dass immer nur eine das Opfer ist: sie selbst – samt ihrem Traum von einer harmonischen kleinen Familie.

Anpassung gegen Liebe

Andere Gefalltöchter registrieren sehr genau, wie anerkennend Papa über seine Assistentin spricht, die seine Unterlagen schon bereithält, bevor er danach gefragt hat. Und finden ihre Lösung: Wenn ich Papas Wünsche hellsichtig erspüre und schon im Voraus erfülle, bin ich für ihn bald unentbehrlich. Sie werden Papas kleiner Sonnenschein und holen ihn aus seiner Brummeligkeit oder sie sind seine kleine Helferin im Alltag, die immer ahnt, was er gerade braucht.
Diese Entscheidungen fallen natürlich nicht bewusst. Keine Tochter wählt gezielt zwischen mehreren möglichen Alternativen aus. Unbewusst wachsen wir in diese inneren Orientierungen hinein, füllen die Leerstelle in Papas Leben, denn dadurch bekommen wir am ehesten Aufmerksamkeit.
Eine angepasste Tochter reagiert später genauso geschmeidig auf die Erwartungen ihrer (potenziellen) Partner: Ist er Banker, interessiert sie sich für die Börsenkurse, ist er Jazzliebhaber, kann sie sich plötzlich für Free-Jazz begeistern, ist er passionierter Segler, überwindet sie ihre Wasserphobie und begleitet ihn auf seinem nächsten Törn. Sie setzt nicht so sehr auf ihr Äußeres oder ihr verführerisches Verhalten. Vor allem versucht sie, genau die Person zu sein, die ihr

Partner sich wünscht. So, wie sie es mit Papa gelernt hat. Oft war sie in der Familie die Einzige, die »mit ihm umgehen konnte«, wenn er schlecht gelaunt, unzugänglich oder aggressiv war.
Und sie ist in der Lage, sich darauf einzustellen. Sie erahnt und kennt die Bedürfnisse der anderen bis ins letzte Detail, während ihr die eigenen weitgehend unbekannt sind.

Sie hat Super-Antennen dafür, was in anderen vorgeht, was sie antreibt, was sie brauchen.

Sie läuft ständig Gefahr, sich für eine Beziehung aufzugeben, ohne es zu merken. Oder sie wacht erst auf, wenn sie feststellt, dass ihr unbewusstes Kalkül, ihre Hoffnung, für all ihre Opfer auch endlich geliebt zu werden, nicht aufgeht.

Papas kleiner Soldat

Irenes Vater lebte als hoher Offizier fürs Militär. Ordnung, Disziplin und Vernunft waren die festen Koordinaten in seinem Leben. Daran hielt er auch fest, als er wegen einer Krankheit vorzeitig in den Ruhestand gehen musste. Gefühle waren Humbug, die ließ er nicht gelten. Seine Enttäuschung über das vorzeitige Ende seiner militärischen Karriere ertränkte er im Alkohol. Aber auch im Suff blieb er kontrolliert und unnahbar. Die Mutter fügte sich seinem Diktat und sorgte für einen reibungslosen Ablauf des Haushalts, für Ordnung in der fünfköpfigen Familie. Seine Alkoholabhängigkeit entschuldigte sie mit seiner Krankheit: »Es ist doch das Einzige, was ihm noch bleibt.«
Für Irene blieb der Vater immer unerreichbar, undurchschaubar, unmenschlich. Ein Mann, der tagaus, tagein versteinert im dunklen Zimmer in seinem Sessel saß und selten sprach. Als einzige Botschaft kam bei ihr an: Damit du für mich überhaupt existierst, musst du funktionieren. Diszipliniert die Aufgaben erledigen. Und bloß keine eigenen Ansprüche! Laute Musik, ein etwas zu kurzer Rock oder der Wunsch, bei einer Freundin zu übernachten, wurden als unzulässige Auflehnung geahndet – mit körperlicher Bestrafung. Die Schmerzen waren nicht das Schlimmste;

die gingen vorbei – die Demütigung nicht, die saß viel tiefer. Irene lernte daraus:

→ **Ich muss mich für meine innersten Regungen und Gefühle schämen. Besser, ich nehme sie gar nicht mehr wahr.**

Um zu überleben, lernte Irene, sich von der eigenen Emotionalität abzuspalten. Ein Leben ganz aufgebaut auf Kontrolle und Effizienz. Gefühle werden an die anderen delegiert und höchstens in der Rolle der Vertrauten und Helferin ausgelebt.

Hauptsache tüchtig

Irene ist ein extremes Beispiel für eine Leistungstochter. Sie hat früh gelernt, dass im Leben ihres Vaters nur eins zählt: Disziplin und Leistung. Tüchtig und vernünftig sein. Um in Papas Leben eine Rolle zu spielen, wurde sie sein kleiner Soldat. Diszipliniert, tüchtig, zuverlässig.

Was immer man von ihr verlangte, sie hat es klaglos erledigt.

Immer in der Hoffnung, Papas Anerkennung zu finden, dem verbitterten alten Mann ein Lächeln abzuringen. Heute kann sie in ihrem Job als Projektleiterin in einem Medienkonzern geradezu geniale Konzepte entwickeln, »nebenbei« den Haushalt schmeißen und abends anderen mit Trost und Rat zur Seite stehen. In der knappen Zeit, die ihr noch bleibt, lernt sie Fremdsprachen. Nur eins kann sie nicht: fühlen, ihre eigenen Empfindungen wahrnehmen.

Funktionieren ist alles

Gefühle sind überflüssiger Luxus im Leben einer Leistungstochter. Ballast, der sie beim Erledigen wichtigerer Aufgaben behindert. Bevor sie etwas fühlen könnte, hat die Leistungstochter sich schon der nächsten Herausforderung zugewandt. Sie erlaubt sich keine Schwächen. Damit wäre sie in Vaters Augen auf der Verliererseite. Und da will sie nicht hin. Um keinen Preis. Lieber quält sie sich mit

Kopfschmerzen ins Büro und geht erst zum Arzt, wenn aus der harmlosen Magenschleimhautentzündung ein handfestes Geschwür geworden ist. Leistungstöchter entwickeln keine Neurosen, sie bekommen psychosomatische Symptome – genau wie Hochleistungsmänner auch. So stark identifizieren sie sich mit den Leistungswerten und Erfolgszielen ihrer Väter.
Es sind nicht nur die berüchtigten Eiskunstlaufmütter, die aus eigenem, nicht ausgelebtem Ehrgeiz ihre Töchter in eine Eisprinzessinnen-Karriere zwingen. Hinter vielen erfolgreichen jungen Schwimmerinnen, Läuferinnen oder Tennisspielerinnen stehen auch erfolgshungrige Väter, so wie Vater Graf hinter »seiner« Steffi. Töchter unterwerfen sich selten freiwillig dem Drill eines Lebens für den Leistungssport. Training vor der Schule, Training nach der Schule, kurze Pause für Hausaufgaben, keine Zeit zum Spielen, später für Partys oder Verabredungen. Training oder Turniere am Wochenende, wenn die anderen etwas gemeinsam unternehmen. Töchter tun das, weil sie nur so für kurze Zeit das stolze Lächeln ihres Vaters genießen können. Sie halten diesen Moment der Anerkennung für Liebe. Und den gnadenlosen väterlichen Drill und Ehrgeiz für selbstlose Förderung.

Der Kampf um Anerkennung

Wie die Gefalltochter nimmt sich auch die Leistungstochter zu wenig Zeit, sich um sich selbst zu kümmern. Sie kann nicht herausfinden, welche anderen Fähigkeiten und Begabungen in ihr schlummern. Ihr ist nicht bewusst, was ihr selbst Spaß machen würde, da sie ausschließlich damit beschäftigt ist, fremde Wünsche zu erspüren. Während die Gefalltochter ihre gesamte Energie dafür einsetzt, Männer durch ihr Äußeres, durch Flirt und Verführung für sich einzunehmen, setzt die Leistungstochter alles daran, durch Anstrengung und besondere Leistungen Anerkennung zu finden.

Beide kämpfen mit unterschiedlichen Mitteln für das Gleiche: Sie wollen vom Vater geliebt werden. Und beide entfernen sich dabei in fataler Weise von sich selbst. Die würdige Nachfolgerin muss immer noch tüchtiger, noch erfolgreicher werden. Sie rackert sich ab, kommt aber nie ans Ziel. Denn eigentlich möchte sie ja vor allem um ihrer selbst willen geliebt werden, einfach so, wie sie ist. Selbst wenn sie den Beifall und das Lob ihres Vaters erringt, fühlt sie sich nicht ausgefüllt.

Alles unter Kontrolle

Leistungstöchter sind die Perfektionistinnen, die anderen Frauen das Leben schwer machen, weil sie kaum erreichbare Standards setzen.
Beruflich erfolgreich, organisieren sie nebenbei noch das Familienleben inklusive Kleinkind und Hund, halten dem Mann den Rücken frei und meistern auch finanziell angespannte Situationen. Bei alledem bleiben sie immer adrett und gepflegt. Nie sind sie zerzaust, verschwitzt und am Rande des Nervenzusammenbruchs. Sie haben alles im Griff, ihr Leben unter Kontrolle. All das geschieht nicht mühelos. Es kostet sie viel Anstrengung und Energie. Aber gerade dadurch fühlen sie sich bestätigt: Ich strenge mich an, also bin ich. Und sie bleiben in einer unangreifbaren Position der Stärke. Leider verschwindet der Mensch hinter all der Perfektion.

Leistungstöchter werden bewundert, gelobt und respektiert – geliebt werden sie selten.

Lob ersetzt keine Liebe. Julia Onken: »Die Tragödie der Erfolgsfrau besteht darin, dass sie niemals als das geliebt wird, was sie ist, sondern für das, was sie leistet. Sie kann also niemals wagen, sich ganz auf sich selbst einzulassen, denn das würde bedeuten, dass sie Gefühle entdeckt – und gerade diese darf sie ja nicht haben.« Gefühle machen ihr Angst, sie sind die unkontrollierbaren Variablen im Lebensplan. Ihr Leben ist auf Sicherheit angelegt. Sie geht höchstens kalkulierbare Risiken ein. Probleme werden mit wohl überlegten Strategien gemeistert. Die Leistungstochter bekommt alles in den Griff. So gut, dass die Liebe meist daran erstickt. Oder sich gar nicht erst eingeladen fühlt.

Rebellion als Lebenseinstellung

Johanna sagt gerne Bescheid. Besonders, wenn sie anderer Meinung ist. Und das ist sie meistens. Das blöde Kleid will sie nicht anziehen. Sie will keine Märchen hören, lieber Abenteuergeschichten. Fasching möchte sie Piratin, Robin Hood, später Agentin sein – niemals Fee, Prinzessin oder Engel. Sie will nicht mit ihrem kleinen Bruder »Mensch ärgere dich nicht« spielen, sondern lieber mit Papa Schach. Sie legt sich mit ihrer Mutter an, streitet sich mit ihren Geschwistern, aber am liebsten gibt sie Papa kontra. Da fallen ihr die außergewöhnlichsten Argumente ein, vor Aufregung werden ihre Wangen rot.

Und selbst wenn er das letzte Wort behält, genießt sie das Gefühl, ihm standgehalten zu haben.

Johanna ist eine gute Beobachterin, hellwach, intelligent und wortgewandt. Sie hat früh erkannt, dass ihre Mutter, obwohl sie in ihrem Beruf als Fotografin anerkannt ist, in der Familie nur eine Nebenrolle spielt. Und dass ihre Geschwister, besonders ihre Schwester, auch als Jugendliche noch wie Kinder behandelt werden – nett, lustig, ganz begabt, aber nicht wirklich ernst zu nehmen. Die Maßstäbe und Werte setzt ihr Vater. Der erfolgreiche Geschäftsmann trifft auch zu Hause alle wichtigen Entscheidungen, führt die Debatten, ist der Direktor im Familienzirkus.
Aber Johanna widersetzt sich der Dressur. Je älter sie wird, desto mehr. Während der Vater konservative Werte hochhält, schließt sich die Tochter der linken Schüler- und Studentenbewegung an. Die beiden liefern sich erbitterte Grundsatzdiskussionen über freie Marktwirtschaft, imperialistische Interessen und patriarchalische Machtstrukturen, die Johanna mit den Lehrern in der Schule gleich weiterführt. Sie bringt exzellente Zeugnisse nach Hause, doch wegen ihrer »aufsässigen« Haltung droht ihr ständig ein Schulverweis. Viele Gleichaltrige bewundern sie für ihre Radikalität und Direktheit; anderen geht ihr missionarischer Eifer, ihre Unnachgiebigkeit auf die Nerven.
Für ihre Kommilitoninnen an der Universität ist Johanna eine Wortführerin, nicht unbedingt eine Freundin. Denn trotz feministischer Positionen bleibt ihr Auftreten eher männlich, kopfgesteuert. Geschliffene Auseinandersetzungen mit männlichen Kontrahenten sind ihr Lebens-

elixier. Wenn sie kämpft, fühlt sie sich lebendig, kraftvoll, wichtig. Später als Journalistin kann sie sich auf diese Qualitäten verlassen. Ihre Reportagen sind ungeschönt, in Interviews stellt sie direkte, harte Fragen und lässt keine Ausflüchte zu. Ähnlich verhält sich Johanna in ihrem Liebesleben. Sie fühlt sich angezogen von intellektuell starken Männern, die ihr gewachsen sind. Ihre Art zu flirten ähnelt eher einem argumentativen Duell als einem romantischen Pas de deux. Sie provoziert und teilt schonungslos aus. Wer überlebt, darf mit ihr ins Bett. Dort wird weitergekämpft. Unterordnung ist ihr zuwider. Ihre Beziehungen sind intensiv, aber auch schnell wieder beendet: Trotz leidenschaftlicher Auseinandersetzung geht die Liebe an Gefühlsarmut ein. Will ein Mann wirklich mehr von ihr - mehr Nähe, mehr Vertrauen, mehr emotionale Offenheit -, flüchtet Johanna. In ihre Arbeit, in die nächste politische Aktion, in die nächste aufregende Beziehung. Sie wirkt wie eine starke Frau, fühlt sich aber oft einsam, kalt und leer. Dann muss sie »den Turbo anwerfen«, sich mit Aktivität betäuben.

Trotztöchter wie Johanna haben schon früh einen eigenen Willen und ein gesundes Unabhängigkeitsstreben. Sie halten sich nicht an Spielregeln und widersetzen sich, wo sie können. Mit so einer Einstellung haben Frauen es schwer im Leben. Deshalb sind echte Trotztöchter selten. Die meisten geben irgendwann den ständigen Widerstand auf und setzen zum Beispiel auf Leistung, um ihrem Vater - und allen anderen Männern - gegenüber zu bestehen.

Trotztöchter haben von ihrem übermächtigen Vater mitbekommen, dass »weibliche« Qualitäten wie Einfühlsamkeit, Intuition, Verbindlichkeit, Rücksichtnahme weniger wert sind als Leistung, Logik, rationales Denken, Disziplin - die Eigenschaften also, die vor allem Männern zugeschrieben werden. Deshalb wollen sie auf keinen Fall werden wie die Mutter und vom Vater möglichst viel Aufmerksamkeit bekommen, ohne sich ihm unterzuordnen.

Also erkämpfen sie sich Zugang zur »männlichen« Welt und messen sich schon früh mit Männern, in der Schule zum Beispiel durch exzellente Leistungen in den Naturwissenschaften. Ein gefälliges Wesen, ein hübsches Aussehen sind Trotztöchtern nicht wichtig. Viele lehnen es ausdrücklich ab, sich »schön zu machen« und »nett zu sein«. Und sie nehmen es in Kauf oder legen es sogar darauf an, andere mit ihren Ansichten und Äußerungen vor den Kopf zu stoßen. Trotztöchter behaupten sich im Widerstand. Das Gefallen-wollen-Spiel setzen sie höchstens als gezielte Manipulation ein.
Frauen wie Johanna können durchaus überschwänglich, spontan und herzlich sein. Nur selten zeigen sie sich bedürftig, verletzlich oder schwach. Trotztöchter vermeiden es nämlich, sich mit den eigenen Gefühlen auseinander zu setzen - aus (meist unbewusster) Angst, womöglich Schwachstellen wie die eigene Bedürftigkeit und Angst zu entdecken. Deshalb fällt es ihnen auch schwer, sich in die Bedürfnisse und Verletzlichkeit anderer einzufühlen. Dadurch wirken sie oft streng, einschüchternd und unzugänglich.

Das Liebesleben ist ein wunder Punkt für viele Trotztöchter.

Da es ihnen schwer fällt, zu vertrauen und sich emotional zu öffnen, sind ihre Beziehungen kompliziert und oft nur kurzlebig. Momente tiefer Nähe, entspannten Miteinanders oder spielerischer Leichtigkeit fehlen darin. Denn bei den Trotztöchtern sind Kopf und Herz ständig in Konflikt. Sie fordern totale Offenheit und Toleranz, verurteilen »überflüssige« Gefühle wie Verlustangst und Eifersucht, können diesem Anspruch aber gar nicht folgen und überfordern auch den Partner damit.
Für solche Frauen ist es wichtig, das Verhaltensmuster zu erkennen, in dem sie seit ihrer Kindheit gefangen sind. Solange sie sich ständig gegen den unerreichbaren Vater und alle stellvertretenden Ersatzväter (oder auch gesellschaftliche Normen und Regeln) auflehnen, bleiben sie an diese Vaterfigur gebunden und sind nie wirklich frei. Nicht jeden Kampf aufzunehmen und auch einmal nach innen zu schauen, sich den eigenen Gefühlen zuzuwenden, kann der rebellischen Tochter helfen, »zu sich zu kommen« und für eine Partnerschaft wirklich offen zu sein.

Brief an den Vater

Die innere Bindung an den Vater und seine Wünsche macht es uns häufig schwer, eigene Wünsche zu entdecken und ihnen Raum zu geben. Ein Brief an den Vater kann helfen, diese Blockade aufzulösen. Es geht nicht darum, diesen Brief tatsächlich abzuschicken. Wichtig ist, sich alles von der Seele zu schreiben, was Sie Ihrem Vater gegenüber nie äußern konnten: Ihre Wünsche, Ihre Enttäuschungen, Ihren Ärger – auch Ihre Liebe. Versuchen Sie dabei, möglichst viel über sich und Ihre Gefühle zu schreiben. Vorwürfe oder Anschuldigungen schwächen Sie eher. Wenn Sie bei sich bleiben, stärken Sie Ihre Position und gewinnen Klarheit über sich selbst.

Es kann sein, dass dieser Brief Sie über Tage hinweg beschäftigt. Nehmen Sie sich die Zeit!

Das Erbe ausschlagen

Nicht alles, was Ihr Vater Ihnen hinterlassen hat, müssen Sie ein Leben lang aufbewahren. Machen Sie eine Liste der Werte und Überzeugungen – positive wie negative –, die Sie von Ihrem Vater übernommen haben.

Beispiele:

- Was andere können, kannst du auch.
- Eine Frau muss schön sein.
- Liebe gibt es nicht umsonst.
- Du musst immer etwas besser sein als die anderen.

Weitere Erbstücke:

____

____

____

____

____

____

____

Setzen Sie ein Plus hinter die Überzeugungen, die Sie behalten möchten. Die Sätze, die Ihnen nicht (mehr) gefallen und die Sie loswerden wollen, bekommen ein Minus.

Mit dem folgenden Ritual können Sie sich von ungewollten Erbstücken trennen:

Suchen Sie sich für jede Überzeugung oder Eigenschaft, die Sie loswerden möchten, ein Symbol. Zum Beispiel einen kleinen Spiegel für den Wunsch, gefallen zu wollen, einen Stein oder ein Stück Metall für Härte und Strenge.
Tragen Sie jedes dieser Symbole einige Tage mit sich herum. Stecken Sie es in Ihre Tasche, nehmen Sie es immer mal wieder in die Hand und schauen Sie es sich an. Wenn Sie spüren, dass Sie sich wirklich von dem, was das Symbol verkörpert, trennen wollen, tun Sie es. Werfen Sie es ins Wasser, vergraben oder verbrennen Sie es – lösen Sie die Verbindung auf Ihre Weise. Dieser Abschied kann sich also durchaus über einige Zeit hinziehen – je nachdem, wie viele Erbstücke Sie loswerden möchten.

KURZ GEFASST

Väter - auch abwesende - sind die wohl folgenreichsten Männer in unserem Leben. Sie hinterlassen nachhaltige Spuren in den Köpfen und Herzen ihrer Töchter. Sie haben uns als Erste unser Bild als Frau zurückgespiegelt. Und oft tragen wir dieses Bild tief im Herzen immer noch mit uns herum - auch wenn es garstig und völlig unangemessen ist und es uns schwer macht, uns selbst zu akzeptieren. Für viele Mädchen ist die Beziehung zum Vater eine Geschichte unerfüllter Liebe. Das hat leider zur Folge, dass viele erwachsene Frauen verzweifeltes Sehnen mit Liebe verwechseln.

Um den Kopf frei zu bekommen für unsere eigenen Vorstellungen von Frausein und Liebe, müssen wir uns aus der Tochterrolle lösen und den Vater realistisch sehen - mit seinen guten und schlechten Seiten. Dann verliert er seine Übermacht und wird zu einem ganz normalen Mann. Wer vom Vater unabhängig ist und ihn weder bekämpfen noch vergöttern muss, kann sich auch bei der Partnerwahl weitgehend frei und selbstbestimmt bewegen.

Was willst DU denn MIT DEM?!

Viele Frauen geraten immer wieder an den falschen Partner. Eigentlich müssten sie es vom ersten Moment an besser wissen: Wieder so ein jungenhafter Draufgänger, auf den wenig Verlass ist. Wieder einer, der mit seiner Intelligenz prasst und mit Gefühlen knausert. Aber selbst, wenn die Freundinnen stöhnen: »Nicht schon wieder!«, halten sie blind an ihrer neuen Errungenschaft fest.

Liebe auf Zeit

Bettina ist eine lebenslustige, sympathische Frau, aber langsam treibt sie ihre Freundinnen zur Verzweiflung - mit ihren Männerbeziehungen. Sie ist Mitte 30 und nach einigen »wilden Jahren« sucht sie jetzt den Mann fürs Leben. Und sie wünscht sich Kinder. Leider folgt seitdem ein Liebesdesaster dem anderen: Erst ein besonders Schöner aus der Designbranche, der noch nicht über seine letzte langjährige Beziehung hinweg war, dann ein als Womanizer berüchtigter Edelgastronom, der Treue schwor und sich nicht dran hielt.
Und jetzt als Krönung Kai. Ein einflussreicher Bauunternehmer. Ein Mann, der wirklich an ihr interessiert ist, wie sie beteuert.

Auf einer Hochzeitsfeier mit 250 Gästen hat er zielstrebig nur sie umworben.

Äußerlich eigentlich nicht ihr Typ, beeindruckt er sie mit seiner Aura von Selbstbewusstsein und Erfolg. Er lädt sie zum Candle-Light-Dinner in exklusive Restaurants ein und plant schon nach kurzer Zeit, mit ihr nach Venedig zu fahren.Sie sehen sich fast täglich, nach drei Wochen wohnt sie mehr in seiner großzügigen Etagenwohnung als in ihrem Apartment.

Diesmal wird alles anders

Bettina blüht auf, fühlt sich auserwählt und ist fest überzeugt, endlich den richtigen Mann getroffen zu haben. Einen, der es ernst meint. Der kein kurzes Abenteuer sucht, sondern die Art Beziehung möchte, von der auch sie träumt. Verbindlich und sicher, mit Ausblick auf Haus und Kinder. Einen, der genug Geld hat, um sich das leisten zu können. Schon wenige Tage nach dem Kennenlernen spricht er von seinem Wunsch nach einer Familie, davon, endlich zur Ruhe kommen zu wollen. Und dass er sich all das mit ihr vorstellen könne. Vom ersten Moment an.
Bettina glaubt, was sie hört. Vor allem, weil sie es hören möchte. Nach all den Enttäuschungen sehnt sie sich nach dem Volltreffer.
Wenn ihre Freundinnen sie warnen, dass Kai dafür bekannt ist, seine Partnerinnen schnell wieder zu verlassen, tut sie das als neidischen Klatsch ab. Aufkommende Zweifel an den geläuterten Absichten ihres

Partners beruhigt sie damit, dass er sich geändert habe, seit er sie kennt. Dass er mit ihr glücklich werden will und wird. Und sie tut alles dafür, dass ihr Wunsch Wirklichkeit wird.

An ihr soll es nicht liegen

Bettina versucht, sich ganz auf den Mann an ihrer Seite einzustellen: verständnisvoll zu sein, nicht zu viel zu verlangen, zu respektieren, dass er in seiner Position viel um die Ohren hat. Als freiberufliche Textildesignerin ist sie flexibel. Natürlich würde er sich gerne mehr um sie kümmern, aber bei all den wichtigen Geschäftsabschlüssen, die gerade laufen, muss sie einfach akzeptieren, dass er wenig Zeit hat.

Nur ein wenig Geduld, dafür wird es hinterher umso schöner werden.

Leider wird es jetzt nichts mit dem Kurztrip nach Venedig, dafür aber bestimmt nächsten Monat eine Woche auf einer Trauminsel. Sie nimmt in Kauf, dass es abends häufig später wird, dass er Verabredungen verschiebt, oder keine Zeit hat, zwischendurch anzurufen. Sie toleriert, dass er am Wochenende seine Ruhe braucht und lieber ruhig zu Hause bleiben möchte. Statt auszugehen kocht Bettina was Nettes, und die beiden verbringen den Abend vor dem Fernseher.

Unvermeidlich: das Ende

Nach und nach dämmert Bettina, dass sie Kai mehr oder weniger den Haushalt führt, dass sie ihn kaum noch sieht und er keines seiner Versprechen eingelöst hat. Sie dagegen schiebt wichtige Aufträge immer weiter vor sich her, um da sein zu können, wenn er mal Zeit hat. Sexuell tut sich auch nichts mehr zwischen ihnen, obwohl sie gerade mal drei Monate zusammen sind. Bettina fühlt sich hingehalten. Sie wird drängender und fordernder. Was ist jetzt mit dem gemeinsamen Urlaub? Wann ist die »heiße« Arbeitsphase vorbei? Wieso nimmt er sie zu seinen Geschäftsessen nicht mit? Sie will reden. Er findet das überflüssig. Sie will Erklärungen. Er findet sie zu fordernd. Sie möchte mehr Zeit mit ihm verbringen. Er findet sie rücksichtslos. Sie möchte wieder häufiger ausgehen.

Er findet sie zu anstrengend. Sie gibt ihm Bedenkzeit. Er findet innerhalb von einem Wochenende heraus, dass er doch noch nicht zu einer festen Beziehung bereit ist. Das hat nichts mit ihr zu tun, versichert Kai, sie ist eine tolle Frau. Es ist einfach so, dass er zu viel Zeit für seine Karriere braucht, sich noch nicht an eine Frau mit so klaren Zukunftsperspektiven binden kann, dass er auch nicht genau weiß, was mit ihm los ist, aber ihre Liebe irgendwie nicht erwidern kann und ihr nicht wehtun möchte, indem er sie weiterhin enttäuscht …

Also besser, sie trennen sich erst mal. Für eine Zeit jedenfalls.

Bettina packt ihre Sachen und verschwindet. Sie hofft, dass der Schock ihn dazu bringt, es sich doch noch mal anders zu überlegen. 20 Kleenexschachteln später weiß sie, dass Kai sich nie mehr melden wird.

Das innere Bild vom Traummann

Jeder Mensch hat bestimmte unbewusste Partnerwahl-Kriterien, an denen er sich orientiert. Meist repräsentieren sie eine Auswahl früherer positiver Beziehungserfahrungen oder sind Reaktionen auf negative Erfahrungen. Wobei sich das, was eine Frau offiziell als Traummann angibt – und zum Beispiel in einer Annonce suchen würde –, nicht unbedingt mit dem inneren Suchbild deckt. Dass es solche inneren Raster gibt, ist hilfreich bei der Partnersuche; dadurch wird die schier unendliche Vielfalt der Möglichkeiten eingegrenzt. Sportliche Typen, die mehr Zeit mit dem Training ihrer Bizeps als mit der Lektüre von Büchern verbringen, kommen für eine Frau, deren inneres Raster sich am positiven Bild von ihrem Akademiker-

Papa orientiert, gar nicht erst in den Sucher. Hatte sie allerdings viel Stress mit dem Akademiker-Papa, weil sie seinen Anforderungen nie genügen konnte, kann es sein, dass sie auf Intellektualität allergisch reagiert und körperbezogene Männer bevorzugt. Beide Wahlmuster können durchaus zu guten Beziehungen führen.
Problematisch wird es, wenn wir trotz Fehlgriffen immer wieder demselben Raster folgen – und das hat viel mit unserer Geschichte zu tun.

Das programmierte Scheitern

Bettina verliebt sich nicht immer wieder unglücklich, weil sie so gerne leidet. Ganz im Gegenteil. Sie wird unglücklich, weil sie den Schmerz von früher mit einem Mann von heute lindern will. Ihr Problem: Obwohl sich ihr Traummannraster mehrfach als falsch erwiesen hat, folgt sie ihm weiter.

Es ist immer wieder dieselbe Spezies, von der Bettina sich angezogen fühlt:

erfolgreiche Männer, die Macht und Selbstsicherheit ausstrahlen. Besonders Kai lockt sie mit der Aussicht auf einen sicheren Platz an seiner Seite, ein verwöhntes Leben und die Erfüllung ihres Kinderwunsches. Er vermittelt ihr das Gefühl »endlich jemand, der sieht, was ich brauche«.
Die Aussicht, beschützt und verwöhnt zu werden, ist der Köder, auf den Bettina anbeißt. Beides hat sie in ihrer Kindheit vermisst. Deshalb ist die Sehnsucht danach so groß, dass sie übersieht, was nicht in das Bild vom liebevollen, rettenden Beschützer passt: Kais schroffe, oft arrogante Art, mit anderen umzugehen. Die deutlichen Anzeichen dafür, dass er sich für den wichtigsten Menschen nicht nur in seiner Welt hält. Er erzählt lieber von sich – vorzugsweise seinen Erfolgen –, als ihr zuzuhören. Er geht selten auf sie ein und zeigt wenig Kompromissbereitschaft. Er verspricht zwar viel, tut aber weniger für die Beziehung als sie.
Bettinas Freundinnen hatten es schon lange vor ihr erkannt: Kai gehört zu den Männern, die in erster Linie in ihren Erfolg verliebt sind und dann erst in die Frau, die sie dafür bewundert. Auch sein Beziehungsleben dreht sich mehr um Macht und Bestätigung als um Liebe und Vertrauen.

Der Traum vom Mann mit Macht

Wer sich einen Machtmenschen aussucht, kann sich an seiner Seite sicher und auch ein bisschen mächtig fühlen, muss aber damit rechnen, dass er in Machtspiele verwickelt wird. Wenn zwei Machtmenschen aufeinander treffen, kann es zu einem feurigen Kräftemessen kommen, das aufregend und erotisierend wirkt. Liebe auf einer vertrauensvollen, partnerschaftlichen Ebene wird sich dabei aber nicht einstellen. Dafür geht es Machtmenschen zu sehr um Sieg und Niederlage, um Macht und Unterwerfung. Deshalb suchen Männer mit Machtgelüsten am liebsten anpassungsbereite Partnerinnen. Solche, die – wie Bettina – bereit sind, für ihren Traum von der idealen Mann-Haus-Kind-Partnerschaft sich selbst zu vergessen und so zu werden, wie sie glauben, dass er es von ihnen erwartet.

Unsicherheit macht passiv

Die Weichen werden oft schon am Anfang gestellt: Beim Kennenlernen hat Kai die Initiative übernommen und seine Wahl getroffen. Frauen wie Bettina bleiben eher passiv und warten ab, welche Angebote auf sie zukommen. Bettina fällt es schwer, beim Betreten eines Raumes voller unbekannter Menschen zu entscheiden, wen sie interessant findet. Nicht weil sie schüchtern wäre, sondern aus Unsicherheit, wen oder was sie wirklich will.

Außerdem hat sie Angst, abgewiesen zu werden, wenn sie ihre Wünsche zeigt. Also wartet sie.

Dass sie eine sehr attraktive Frau ist, erweist sich hier als Handicap. Viele interessante, beziehungstaugliche Männer, die sich »nicht für besonders toll« halten, schrecken vor sehr gut aussehenden Frauen zurück. Sie würden sich höchstens nach einer deutlichen Aufmunterung trauen, Bettina anzusprechen. So sind es immer wieder die gleichen Männer, die auf sie zukommen: Selbstüberschätzer, Typen mit aufgeblasenem Ego, notorische Aufreißer, Machtmänner. Die üblichen Verdächtigen mit übergroßem Ego, die sich von einer Frau mit Attraktivität und Ausstrahlung eingeladen und herausgefordert fühlen.

Das Anpassungsprogramm

Spricht ein Mann wie Kai sie an, läuft Bettina zur Höchstform auf und zeigt sich von ihrer besten Seite: charmant, witzig, schlagfertig. Was nach außen nicht weiter auffällt: Sie ist dabei nicht mit sich selbst, mit ihren Wünschen und Bedürfnissen in Kontakt, sondern mit ihrem Gegenüber und dessen vermeintlichen Erwartungen an sie. Blitzschnell und unbewusst erspürt sie, wie sie den anderen gewinnen kann. Mal ist sie Vamp, mal scharfzüngige Debattiererin, mal einfühlsame Zuhörerin. Bettina spielt diese Rollen ohne Kalkül.

Der Mechanismus, sich auf einen Mann ganz und gar einzustellen, setzt so schnell ein, dass er meist unbewusst bleibt.

Im Lauf der Beziehung wird er immer mehr zum Programm, das unterschwellig ihr Handeln lenkt. Das Verbot, eigenständig zu fühlen, zu spüren und zu wünschen, sitzt so tief, die Angst vor eigenen Gefühlen und Bedürfnissen ist so groß, dass Frauen wie Bettina lieber von vornherein nichts wollen und brauchen.

Viele Frauen spüren gar nicht mehr, was sie wollen, sondern richten sich reflexartig immer mehr nach den – tatsächlichen oder vermeintlichen – Wünschen des Partners:

→ **Besser nicht den kurzen Rock anziehen und lieber die etwas flacheren Schuhe – er könnte sonst meinen, ich will aufreizend wirken.**

→ **Lieber mal auf das Klön-Treffen mit meinen Freundinnen verzichten – er könnte gerade an dem Abend Zeit haben und mit mir ausgehen wollen.**

→ **Jetzt keine leckere Portion Pasta mehr, er mag keine pummeligen Frauen.**

→ **Lieber nicht darauf bestehen, dass er mir am Wochenende endlich hilft, das Auto zu verkaufen, wahrscheinlich braucht er seine Ruhe.**

Anpassung hat ihren Preis

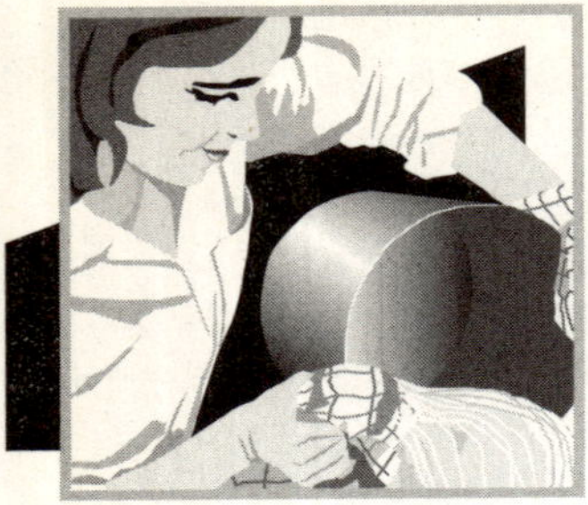

Unmerklich verwandeln sich selbstbewusste, zielstrebige Frauen wie Bettina in Beziehungs-Dienstleisterinnen, die sich vor allem an den eventuellen Wünschen des Partners orientieren. Das Problem dabei: Da sie nicht wagen, offen danach zu fragen, können sie nur raten, was der andere will. Also unterstellen sie Ansprüche und Erwartungen und erfüllen sie dann in der (ebenfalls meist unbewussten) Hoffnung, bei diesem Deal letztlich zu triumphieren:

Wenn ich so viel für ihn tue, wird er auch meine Erwartungen erfüllen.

Er wird mich lieben und versorgen, sich mir verpflichtet fühlen. Leider weiß der andere meist nichts von diesem unausgesprochenen Kuhhandel und verhält sich nicht erwartungsgemäß.

Auch Bettinas Aufopferung bis zur Selbstaufgabe geschieht nicht aus Altruismus oder tiefer Liebe, sondern ist ein hilfloser Versuch, ihrerseits Einfluss auf Kai zu gewinnen. Durch verdeckte Manipulation versucht sie, ihn dazu zu bringen, ihre Wünsche zu erfüllen. Genauer betrachtet steckt in ihrer Anpassung auch ein Stück Selbstüberschätzung. Der Hintergedanke dabei ist: »Ich brauche mich nur gut genug anzupassen, dann erreiche ich alles!«

Immer schön tapfer sein

Bettina hat in ihrer Kindheit erfahren müssen, dass ihre Wünsche und Bedürfnisse gegenüber denen der Eltern wenig zählten. So erfuhr sie immer erst kurz vorher, dass ein Umzug anstand und sie wieder einmal ihre Umgebung und ihre Freunde wechseln musste. Die Eltern machten sich offenbar wenig Gedanken darüber, was das für ihre Tochter bedeutete, und nahmen auch sonst wenig Rücksicht auf sie: Obwohl Bettina als

Sechsjährige beispielsweise Angst hatte, abends in dem großen Einfamilienhaus allein zu sein, blieben ihre Eltern deshalb nicht etwa zu Hause. Stattdessen bekam sie einen Zettel mit einer Telefonnummer in die Hand gedrückt »für den Notfall«. Ansonsten die Anweisung, »ein liebes Mädchen zu sein« und »sich nicht so anzustellen«. Was das Kind daraus gelernt hat: Liebe Mädchen machen keine Probleme und sind nicht schwach, sondern tapfer. Bettina versuchte verzweifelt, lieb zu sein, damit ihre Eltern sie liebten. Sie stellte sich nicht an und rief Mama noch nicht einmal an, als ihr vor Bauchweh ganz schlecht war und sie sich übergeben musste. Sie wusch den voll gespuckten Schlafanzug aus und steckte die Bettwäsche in die Waschmaschine. Sonst würde Mama über die viele Extraarbeit schimpfen.

Angst vor Gefühlen

Frauen wie Bettina haben schon als Kinder gelernt, dass es in jedem Fall eine Schwäche ist, Gefühle und eigene Bedürfnisse offen zu zeigen: Sie könnten ausgenützt und gegen einen verwendet werden. Also lassen sie sich unangenehme Gefühle nicht anmerken und zeigen niemandem, wie es tief innen wirklich aussieht. Als »liebe Mädchen« tun sie alles, um Mama und Papa zufrieden zu stellen, in der Hoffnung, dann doch endlich das zu bekommen, wonach sie sich sehnen: Liebe und Anerkennung. Wenn die Eltern sie nicht so lieben können, wie sie sind, versuchen sie eben, so zu sein, dass die Eltern sie vielleicht lieben könnten.

Genauso hat Bettina sich auch Kai gegenüber verhalten. Und wäre sie es nicht von früher her gewöhnt gewesen, dass die Menschen, die sie liebt, wenig Rücksicht auf ihre Gefühle nehmen, hätte sie vielleicht eher erkannt, dass Kai nicht der Richtige für sie war.

Bei vielen Frauen mit solchen Erfahrungen beginnt die Partnersuche schon mit falschen Vorzeichen – nämlich mit einem dicken Minus vor dem Selbstbild, das nach außen aber möglichst verborgen wird. Um dieses Minus in ein Plus zu verwandeln, versuchen diese Frauen, äußerlich möglichst viel Aufmerksamkeit und Bewunderung zu erlangen.

KENNEN SIE DAS?

Beliebte Alibis

Warum wir immer wieder an den falschen Mann geraten

oder gleich allein bleiben:

» Lieber den falschen Mann als gar keinen.

Stimmt nicht! Natürlich sehnen wir uns nach Zugehörigkeit und Zärtlichkeit. Aber sich an den falschen Mann zu binden, bedeutet meist, zu viele Kompromisse einzugehen und Selbstachtung zu verlieren. Und solange Sie mit dem falschen zusammen sind, werden Sie nicht die Energie aufbringen, den richtigen zu finden.
Besser: Mit den Halbheiten Schluss machen und sich darauf besinnen, dass Sie Ihr Leben auch ohne Partner sinnvoll füllen können – zumindest, bis ein geeigneter auftaucht.

» Ich bin nicht attraktiv genug, um einen wirklich guten Mann zu finden.

Meinen Sie? Die meisten Frauen, die mit diesem Argument kommen, sehen nicht schlechter aus als die mit Partner. Eher im Gegenteil. Schönheit ist keine Garantie für Glück in der Liebe. Weder Marilyn Monroe noch Romy Schneider waren mit glücklichen Beziehungen gesegnet. Sie brauchen nicht schön zu sein, um Erfolg in der Liebe zu haben. Es reicht, wenn Sie sich mögen und Ihre individuelle Ausstrahlung unterstreichen.

» Wenn ich zeige, dass ich etwas Ernstes will, verdrücken sich die Männer.

Stimmt. Wenn Sie gleich beim Kennenlernen von Ihrer Sehnsucht nach Zusammenleben, Heirat und Kindern sprechen, wird jeder Mann sich eingeengt und vereinnahmt fühlen. Wer will schon als Mittel zum Zweck gesehen werden?
Andererseits ist es wichtig, von Anfang an Klarheit zu schaffen. Wenn Sie deutlich machen, dass Sie sich eine dauerhafte Beziehung wünschen und kein kurzes Abenteuer, zeigen Sie damit, dass Sie wissen, was Sie wollen. Männer, die ebenfalls eine feste Partnerschaft suchen, werden positiv reagieren. Die anderen können Sie ohnehin vergessen.

» Die meisten Männer haben Angst vor einer Bindung.

Stimmt nicht. Vielleicht haben Sie ein besonderes Faible für bindungsscheue Männer. Die meisten Single-Männer suchen genauso verzweifelt nach der Frau ihres Lebens wie Sie nach dem Traummann. Aber vielleicht sind Sie solchen potenziellen Kandidaten bisher unbewusst ausgewichen, weil Sie bei einer festen Bindung auch ambivalente Gefühle haben? Fürchten Sie vielleicht, in einer festen Beziehung zu abhängig zu werden? (Mehr dazu unter »Der Traum vom Unerreichbaren«, Seite 92.)

» Männer können mit selbstständigen Frauen wie mir nichts anfangen.

Für manche Männer mag das stimmen. Denen gibt die alte Rollenverteilung Sicherheit, weil sie selbst unter Minderwertigkeitsgefühlen leiden. Doch viele Männer wünschen sich eine unabhängige Frau, die auf eigenen Beinen steht und ihr Leben auch ohne einen starken Mann meistern kann. Betonen Sie vielleicht Ihre Selbstständigkeit zu stark, weil Sie sich unbewusst vor Abhängigkeit fürchten? Fallen Ihnen Kompromisse schwer oder verleugnen Sie Ihren

Wunsch, sich auch mal anzulehnen? Dann wirken Sie vermutlich nicht stark, sondern dominant. Und Dominanz in Beziehungen mögen weder Männer noch Frauen.

» So einen Mann wie meinen Ex finde ich nie wieder.

Stimmt – und das ist auch gut so! Schließlich ist die Beziehung zu Ihrem Ex gescheitert, aus welchen Gründen auch immer. Aber es gibt bestimmt gleichwertige Männer, mit denen sich ein Versuch lohnt. Vielleicht entdecken Sie sogar einen, der Ihnen mehr zu bieten hat als Ihr Ex. Oder Sie gestehen sich ein, dass Sie die Trennung noch nicht überwunden haben und eigentlich noch nicht offen sind für einen neuen Partner.

» Ich weiß einfach nicht, wo ich jemanden kennen lernen soll.

Es ist wahrscheinlich noch keiner Frau gelungen, den Mann ihres Lebens im Nonnenkloster kennen zu lernen. Aber ansonsten gibt es genug Möglichkeiten: bei der Arbeit, nach Feierabend, am Wochenende, beim Sport, beim Einkaufen, bei Freunden, auf Seminaren und Fortbildungskursen, auf Festen und Veranstaltungen, im Theater, im Kino ... Ob Sie jemanden kennen lernen, ist weniger von der Umgebung abhängig als von Ihnen: Sind Sie wirklich offen für eine Begegnung, oder haben Sie insgeheim vielleicht Angst davor? (Mehr dazu unter »Einen guten Mann finden«, Seite 126.)

» Mit Männern, die nett zu mir sind, kann ich nichts anfangen.

Schade. Warum mögen Sie Männer, die nicht nett zu Ihnen sind? Weil Sie da selbst auch reservierter bleiben können? Lieben Sie die Wechselbäder der Gefühle, die Dramatik des Begehrt- und dann wieder Abgewiesenwerdens? Oder sind Sie insgeheim überzeugt, es nicht besser verdient zu haben? (Mehr darüber unter »Die Suche nach innerer Übereinstimmung«, Seite 98.)

Der Traum vom Mann, den alle wollen

Frauen, die in ihrem Selbstwertgefühl stark verunsichert sind, suchen häufig Partner, die dieses innere Defizit ausgleichen sollen. Die schier unerträglichen Selbstzweifel müssen immer wieder durch einen deutlichen Gegenbeweis beruhigt werden – nach dem meist unbewussten Motto: »Wenn ich mit so einem Partner zusammen bin, beweist es, dass ich besonders attraktiv, begehrenswert und wichtig bin.« Manche Frauen suchen sich bewusst einen »strahlenden« Partner, um in deren Glanz zu leuchten. Männer, die besonders viel Erfolg haben, z. B. als Schauspieler, Sportler, oder Medienmenschen. Politiker und erfolgreiche Geschäftsleute, die viel Macht und Einfluss besitzen, oder Männer, die einfach nur besonders gut aussehen. Die Anziehungskraft solcher Kandidaten ist leicht nachzuvollziehen. Viele Frauen träumen sich an die Seite eines Tom Cruise, Boris Becker oder Joschka Fischer. Und zur Not reicht auch die jeweilige Vorstadtausgabe.

Interessanterweise spielen eigene Vorlieben und Abneigungen dabei keine große Rolle. Es gibt wenig individuelle Auswahlkriterien, es geht tatsächlich mehr um den »Marktwert« des Partners.

Je größer die Nachfrage, desto wertvoller und seltener das Objekt.

Kein Wunder, wenn sich dann bald enttäuschend offenbart, dass frau zwar ein attraktives Exemplar Mann gefunden hat, sich aber trotzdem nicht glücklich und zufrieden fühlt. Die eigenen Wünsche und Bedürfnisse sind bei der Jagd nach der begehrtesten Beute auf der Strecke geblieben. Vielleicht ist ein durchtrainierter Körper und der Vorzug, in allen In-Locations der Stadt Stammgast zu sein, ihr gar nicht so wichtig wie die Fähigkeit, gut zuhören und zur Not auch in ihren Augen lesen zu können.

Außerdem übersehen viele Frauen, dass bei der Suche nach solchen Männern die Konkurrenz extrem groß und die Chance, zu den Erwählten zu gehören, extrem gering ist. Hinzu kommt: Erfolgsverwöhnte Männer neigen eher nicht dazu, hohe Erwartungen ihrer Partnerinnen zu erfüllen oder schwierige Zeiten in Beziehungen durchzustehen. Promis und andere besonders begehrte Männer eignen sich am wenigsten für dauerhafte Beziehungen! Wer sich auf solche Männer eingeschworen hat, muss leider mit Enttäuschungen und Misserfolgen rechnen.

Der Traum vom Unerreichbaren

Viele Single-Frauen geraten zwangsläufig früher oder später an einen Mann, der schon verheiratet ist oder jedenfalls in einer festen Beziehung lebt.

Schlaue Frauen sehen die Alarmsignale aufleuchten und lassen die Finger von so einer Affäre.

Aber erstaunlich viele verlieben sich immer wieder in Männer, die sie mit einer anderen teilen müssen. Wo sie sich doch nichts sehnlicher wünschen als einen Mann ganz für sich. Oder doch nicht? Könnte etwas daran richtig sein, immer wieder an den Falschen zu geraten? Frauen mit einer Vorliebe für Dreiecks-Beziehungen haben meist eine Vorgeschichte.

Töchter suchen ihre Väter

Töchter lieben ihre Väter. Weil sie so anders sind: groß, mit tiefen Stimmen und starken Armen. Sie lieben sie umso mehr, wenn ihr Verhältnis zur Mutter schwierig ist und ihnen wenig Raum lässt, sich zu entfalten, ihre Wünsche zu leben. Viele Mädchen, die von ihrer Mutter wenig beachtet oder mit Forderungen und Kritik überhäuft werden, wenden sich besonders stark dem Vater zu – in der Hoffnung, in ihm den Retter aus ihrer traurigen Lage zu finden.
Doch wie wir schon gesehen haben, eignen sich die meisten Väter nicht als Retter. Sie sind selbst emotional distanziert, zu sehr von ihrem Beruf beansprucht oder in Konflikte mit ihrer Frau verstrickt, sie ziehen sich ängstlich aus Kontakten zurück oder neigen zu plötzlichen, aggressiven Gefühlsausbrüchen. Nur für kurze Momente findet die Tochter bei einem solchen Vater die Zuwendung, nach der sie sich so sehr sehnt, und Erinnerungen sind kostbar für sie: Wie sie mit ihrem Vater allein am See spazieren ging. Er hielt sie an der Hand und ließ Steine ditschen. Acht Ditscher! Das hat keiner je überboten. Oder wie er ihr die rote Murano-Glaskette aus Italien mitbrachte und »Ciao bella!« zu ihr sagte – wie geliebt und ernst genommen sie sich da fühlte. Wie er abends aus dem Bettdeckenzipfel ein Mäuschen formte, das ihr wuselnd und quiekend gute Nacht sagte – die wenigen Male, wo er sie zu Bett brachte.

Vom Vater zum Traummann

Diese Momente sind als Liebesbeweise im Herzen der Tochter aufbewahrt. Und der meist abwesende Vater wird innerlich verklärt zum fürsorglichen, liebevollen Beschützer. Das Positive, das von ihm kam, wird aufgewertet und idealisiert.

Der Vater wird und bleibt der Mann der Träume.

Und da die Erinnerung an ihn eng mit dem Erlebnis der Unerreichbarkeit verbunden ist, bleibt leider genau dieses Merkmal auch am »Traummann« haften. Er muss nicht Papas Augen oder Schultern haben, nicht seine burschikose Art oder seinen Humor – es reicht, dass er diese schmerzliche Unerreichbarkeit ausstrahlt, und all die unerfüllten Liebesgefühle werden aktiviert: Vielleicht hält dieser Mann endlich das Versprechen, das Papa nie eingelöst hat.

Flucht vor eigenen Ängsten

Gebundene Männer sind zudem besonders attraktiv, wenn eine wirklich nahe Liebesbeziehung mit viel Angst verbunden ist.

Wer einen Partner wählt, der nur eingeschränkt zur Verfügung steht, braucht sich der eigenen Angst nicht zu stellen.

Der Angst, nicht liebenswert zu sein, niemanden lange an sich binden zu können, verlassen zu werden. Eine ständige halbe Trennung ist besser als eine endgültige ganze, die sonst vielleicht droht, denken viele – und geben sich mit einem »halben Mann« zufrieden. Nach einer Trennung, oder überhaupt in einer Krise, wenn Frauen sich klein, mies und unattraktiv fühlen, besteht ebenfalls die Gefahr, sich mit jemandem zufrieden zu geben, der nur seine halbe Aufmerksamkeit geben kann. »Besser ein halber Mann als gar keiner«, versucht sich dann das angeknackste Selbstwertgefühl zu trösten.

Andere aussichtslose Varianten

Es muss nicht der verheiratete Mann sein. Weitere Kandidaten für eine aussichtslose Beziehung sind zum Beispiel Alkoholiker, Drogenabhängige, Spieler und Workaholics. Auch diese Männer sind »schon vergeben«. Auch bei ihnen wird die Beziehung zur Partnerin immer erst an zweiter Stelle kommen, denn der Spitzenplatz ist besetzt: vom Alkohol, der Droge, der Arbeit, dem Glücksspiel – oder was es sonst noch an Abhängigkeiten gibt. Solche Menschen sind in erster Linie abhängig von ihrem »Stoff«, und ihr ganzes Leben ist um diese Beziehung herum organisiert. Auch ihre Partnerschaft. Als seine Partnerin übernehmen Sie zwangsläufig die Rolle, sein Spiel mitzuspielen. Entweder mit einzusteigen oder zumindest mit zu vertuschen, zu beschönigen, zu vertrösten usw. Wenn es ernst wird, also Konflikte auf den Tisch kommen, Sie seine Hilfe brauchen oder Forderungen stellen, flüchtet er - nicht zu einer anderen Frau, aber sehr wohl in eine andere Beziehung. Er widmet sich seiner Karriere, seinem Glücksspiel, seinem Rausch und ist für Sie nicht wirklich erreichbar. Verlassen können Sie sich auf so einen Mann nicht, und Sie werden sich nur selten bei ihm geborgen fühlen.

Der Traum vom Mann, der mich nicht will

Bei vielen Frauen nimmt der Traummann eine geradezu paradoxe Gestalt an. Je weniger Sympathie ihnen entgegengebracht wird, desto stärker die Anziehung. Häufig ist ihr Favorit ausgerechnet ein Mann, der eher desinteressiert bis abweisend oder in seiner Zuneigung sehr wechselhaft agiert. Der sich entzieht, gerne auch mit anderen flirtet, unzuverlässig ist, manchmal unverschämt oder gleichgültig, dann wieder charmant. Kurz und schlecht: ein Mann, der Frauen mies behandelt und mit jeder Geste ausdrückt, dass er keine Beziehung braucht.

Was schwer zu bekommen ist, erscheint besonders kostbar und deshalb erstrebenswert.

Allein dadurch, dass ein Mann sich entzieht, wird er interessant und wertvoll - völlig unabhängig von seinen sonstigen Eigenschaften. Die Frau jagt dem vermeintlich knappen Gut, der kostbaren Mangelware mit besonderer Leidenschaft hinterher. Was ihr dagegen mühelos in den Schoß fällt, hat für sie oft keinen Wert.
Viele Frauen sagen, dass sie die meisten Männer, die sich für sie interessieren und die »nett zu ihnen sind«, langweilig finden. Sympathische, verbindliche Männer kommen als Partner nicht in Frage. Andererseits klagen sympathische, einfühlsame Männer in meiner Praxis, dass sie nicht verstehen können, wieso die interessantesten Frauen sich ausgemachten Fieslingen vor die Füße zu werfen. Hat sich seit »Surabaya Johnny« so wenig geändert ?

»Schau mir in die Augen ...«

Petra hat den Scannerblick für Männer, die ihr nicht gut tun. Sie braucht ein Café oder eine Bar nur zu betreten und schon weiß sie, wer ihr das Herz brechen könnte:

der Typ, der gelangweilt am Tresen lehnt, sie einmal kurz mustert und sich abwendet, um sich breit lächelnd der Bardame zuzuwenden.

Der ihr später – sie hat sich zu ihm durchgekämpft – wortlos Feuer gibt, dabei länger als nötig ihre Hand berührt und sich wieder seinem Drink widmet. Kein freundliches Wort, keine Einladung auf ein Glas Wein. Aber dann, als sie mit ihrer Freundin zum Aufbruch bereit ist, schiebt er ihr mit einem Böse-Buben-Lächeln seine Visitenkarte zu: »Falls Sie mal nicht mit einer Freundin ausgehen wollen, Lady.«

Wider besseres Wissen ist Petra wie elektrisiert: was für ein unverschämter Typ! Aber dieses hinreißend freche Lächeln. Und diese Berührung aus dem Nichts. Hat er sie nicht doch heimlich angeschaut? Wenn er ihr seine Karte gibt, kann er doch nicht ganz uninteressiert sein. Aber warum hat er nicht mit ihr geredet? Hat er sich vielleicht nicht getraut? Aber der Typ ist doch kein schüchternes Hascherl! Und schon ist sie wieder einmal mitten drin im Film. Wenn sie mehr über ihn und seine Gefühle für sie herausfinden will, muss sie ihn anrufen.

Und dann wird es so weitergehen. Einen Schritt vor, zwei zurück.

Wahrscheinlich kann er sich gar nicht an sie erinnern. Und kommt zur ersten Verabredung zu spät. Oder gar nicht. Das kennt Petra nur zu gut.

Wechselbäder binden besonders

Gelegentliche Belohnungen in Form von Nettigkeiten oder Sex, eingestreut in eine Kette von bösen Frustrationen, gehorchen dem Gesetz der »intermittierenden Verstärkung«. Dieser Fachausdruck stammt aus der Lernpsychologie, die sich damit beschäftigt, wie menschliches Verhalten geformt wird. Psychologen haben in Experimenten herausgefunden:

Ein Verhalten verstärkt sich besonders, wenn es oft frustriert, aber manchmal auch belohnt wird.

Die Ratte, die an einem bestimmten Punkt im Versuchslabyrinth häufig einen leichten Stromschlag, aber manchmal auch eine leckere Futterpille bekommen hat, wird immer wieder dorthin zurückkehren. Die Hoffnung auf die Futterpille ist größer als die Angst vor dem unangenehmen Stromschlag.
Ein Mann, der sich nicht festlegt, undurchschaubar bleibt, gelegentlich große Nähe herstellt, mit exzessivem Sex oder intensiven Gesprächen lockt und sich dann wieder entzieht, hat auf viele Frauen ungefähr dieselbe Wirkung, und das schon bei der ersten Begegnung. Für sie scheinen spärlich eingestreute Komplimente in einer Fassung aus Gleichgültigkeiten zu strahlen wie ein Solitär, während eine gleichmäßige Kette von Aufmerksamkeiten dagegen wie Talmi-Ramsch vom Wühltisch wirkt.
Intermittierende Verstärker profitieren auch davon, dass ein Ziel umso wichtiger wird, je mehr Energie man schon investiert hat, um es zu erreichen. Je mehr eine Frau sich um die Gunst ihres »unerreichbaren« Traummannes bemüht, je mehr Niederlagen und Kränkungen sie schon in Kauf genommen hat, umso wichtiger wird es ihr, diesen Mann doch noch zu bekommen, die Beziehung zu erhalten. Desto mehr Ehrgeiz und Ausdauer entwickelt sie womöglich, ihm wieder nahe zu kommen und seine Aufmerksamkeit zu erregen. Manchen Frauen ist in ihrer Verzweiflung buchstäblich jedes Mittel recht, vom Telefon-, SMS- oder E-Mail-Terror bis zur nächtlichen Attacke auf sein Auto.

Die Suche nach innerer Übereinstimmung

Wer sich innerlich wertlos und nicht wirklich liebenswert fühlt, hat Schwierigkeiten, offene Zuneigung von anderen anzunehmen. Die Erfahrung, gemocht und respektiert, womöglich geliebt zu werden, steht in so starkem Kontrast zur eigenen Wahrnehmung, dass ein unangenehmer innerer Konflikt entsteht. Eine meiner Klientinnen hat das so ausgedrückt:

Wer mich liebt, muss doch blöd oder verrückt sein.

Die menschliche Psyche ist immer bemüht, Kongruenz, also innere Übereinstimmung herzustellen. Manchmal geht das so weit, dass wir auch im Schlechten Übereinstimmung brauchen. Wenn sich also die positiven Gefühle anderer nicht mit dem eigenen Selbstbild decken, müssen wir sie entwerten.
So ein Spannungsverhältnis entsteht gar nicht erst, wenn Frauen mit einem Partner zusammen sind, der immer wieder signalisiert:

→ **Du bist nicht wirklich attraktiv.**
→ **Ich bin mir nicht sicher, ob ich dich liebe.**
→ **Ich weiß nicht, ob du es wert bist, dass ich bei dir bleibe.**

Diese Botschaften tun zwar weh, aber sie stimmen immerhin mit der eigenen inneren Ambivalenz oder gar Selbstablehnung überein. Und das fühlt sich verrückterweise vertraut und sicher an. Manche erinnert es an ihre Kindheit, wo sie auch nie sicher war, ob die Eltern sie wirklich lieb hatten. An diese Art Beziehungen haben wir uns gewöhnt, mit ihnen können wir umgehen.
Ein Übermaß an wirklicher Liebe erschreckt die meisten Menschen. Und viele können es auch genauso wenig verdauen wie Hungernde eine opulente Mahlzeit.

CHECKLISTE

Falsche Prinzen aussortieren

Wenn mehr als fünf dieser Punkte zutreffen,
hält Ihr Traummann vermutlich nicht, was er verspricht.

- Er hält gerne Monologe und weiß alles besser.
- Er kritisiert Sie wegen Äußerlichkeiten (Frisur, Kleidung, Gewicht).
- Er gibt gern an mit seinen Fähigkeiten.
- Er redet vor allem über seinen Job, seine Karriere, die Firma.
- Statussymbole und Geld sind ihm wichtig.
- Er kommt häufiger zu spät.
- Er spricht abfällig über Expartnerinnen und über Frauen im Allgemeinen.
- Bei gemeinsamen Unternehmungen ist er kleinlich beim Übernehmen der Rechnung oder beim Trinkgeld.
- Im Lokal, in Geschäften, am Schalter behandelt er das Personal herablassend.
- Er trinkt regelmäßig Alkohol, oft mehr, als er vertragen kann. Besonders schlimm: Er ist auch noch stolz auf seine »Trinkfestigkeit«.
- Er konsumiert Drogen.
- Er hält Verabredungen nicht ein oder sagt kurzfristig ab.
- Er regt sich über andere auf (z. B. beim Autofahren) und übersieht eigene Fehler.

CHECKLISTE

- Er macht Ihnen unangemessen viele/teure Geschenke.
- Er bringt Ihnen nie etwas mit.
- Auch wenn Sie zusammen sind, ist er nie ganz bei Ihnen, sondern am Handy, bei der Zeitung oder beruflichen Unterlagen, mit dem Blick auf der Uhr.
- Er überlässt es weitgehend Ihnen, anzurufen, Aktivitäten vorzuschlagen und Unternehmungen zu planen.
- Er macht sich auf Ihre Kosten lustig, blamiert Sie vor anderen.
- Er fragt Sie selten nach Ihren Erlebnissen, Wünschen, Ideen.
- Er hört Ihnen nie lange zu, wenn Sie von sich sprechen.
- Er schaut gern anderen Frauen nach oder nimmt Blickkontakt mit ihnen auf.
- Er ist finanziell von seinen Eltern abhängig.
- Er hängt sehr an seiner Familie und hält engen Kontakt.
- Er hat keine engen Freunde oder Vertrauten.
- Er lässt durchblicken, dass er noch nicht über seine letzte Beziehung hinweg ist.
- Er mag rassistische, sexistische oder brutale Witze.
- Er macht nach circa zwei Monaten noch immer keine Anstalten, Sie mit seinen Freunden, Kollegen, mit der Familie bekannt zu machen.
- Er verspricht z. B., anzurufen oder sich um etwas zu kümmern und hält es dann nicht ein.
- Er korrigiert oder bevormundet Sie vor anderen.

KURZ GEFASST

Wenn Sie sich wiederholt zu Männern hingezogen fühlen, mit denen eine wirklich enge Beziehung unmöglich ist - weil sie nicht bereit dazu, bereits gebunden oder schwul sind beziehungsweise auf Feuerland leben -, ist es gut möglich, dass Sie genau das bekommen, was Sie unbewusst wollen. Wenn das Scheitern einer Beziehung von vornherein garantiert ist, müssen wir uns nie darum kümmern, unsere Liebesschwüre auch einzulösen und unsere Gefühle für einen anderen Menschen über lange Zeit aufrechtzuerhalten. Wir können uns immer wieder hemmungslos in eine solche Liebe fallen lassen, denn diese Erfahrung beruht auf einer Täuschung. Und im Grunde unseres Herzens wissen wir das auch. Aber: Wir haben es in der Hand, die Jagd nach »falschen« Männern zu beenden und uns den »richtigen« zuzuwenden.

ABSCHIED VOM MÄRCHENPRINZEN

Eigentlich wissen wir schon alles. Dass glückliche Beziehungen nicht vom Himmel fallen wie Sterntaler. Dass die Liebe nicht zu haben ist ohne Angst, Eifersucht und Schmerz. Dass dauerhafte Partnerschaften Seltenheitswert haben und die Zahl der Alleinlebenden ständig zunimmt. Aber wir glauben immer noch: Für uns wird ein Wunder geschehen.

Was ist Liebe wirklich?

Echte Prinzen haben abstehende Ohren und hässliche Geliebte, wie wir wissen. Deshalb sind wir durchaus bereit, in dem einen oder anderen Bereich Abstriche zu machen. Unser Märchenprinz muss niemand sein, der uns in einem Porsche in sein Penthouse-Refugium entführt und uns die gemeinsame Herrschaft über sein New-Economy-Imperium anbietet. Aber er wird jener einzigartige Mann sein, der uns aufrichtig liebt und dadurch zu der Traumfrau macht, die wir schon immer sein wollten.

Die Legende vom Märchenprinzen wird sich immer halten. Er ist das Symbol für den Wunsch nach Ergänzung der eigenen Person. Solange wir uns mit der eigenen Unvollkommenheit nicht anfreunden können, werden wir den Menschen suchen, der uns daraus befreit. Diese Hoffnung ist zum Teil sogar berechtigt: Wir wachsen und entwickeln uns in Beziehungen jeder Art, aber am intensivsten und nachhaltigsten in Liebesbeziehungen. Menschen brauchen sie, damit ihr intimster persönlicher Bereich sich entfalten kann.

Davon träumen wir. Dabei sind wir doch sonst so aufgeklärt.

Wir können uns noch so viel Selbstliebe angedeihen lassen und erfüllende Freundschaften pflegen – sie ersetzen nicht jene Möglichkeiten der wechselseitigen Selbstverwirklichung, die eine Liebesbeziehung bietet. Liebe ist ein Prozess des Werdens, der Entwicklung zweier Menschen in der Wechselwirkung ihrer Beziehung. In der Liebe stellen zwei Menschen sich gegenseitig die Erfüllung und Verwirklichung ihrer innersten Sehnsucht in Aussicht. Doch die angebotenen Möglichkeiten der persönlichen Entfaltung bleiben eingeschränkt dadurch, dass wir uns nicht grenzenlos verstehen und gegenseitig einfühlen können. Zwischen Hoffnung und Erfüllung bleibt immer eine schmerzliche Diskrepanz.

Hinzu kommt, dass wir heute zu viele Heilserwartungen auf die Liebe projizieren. Sie soll uns die Sicherheit geben, die früher feste soziale Netze gaben. Sie soll uns mit Hoffnung und Glauben füllen, die frühere Generationen in der Religion fanden. Sie soll uns ein Gefühl von Wert geben, das früher moralische Grundsätze und gesellschaftliche Traditionen lieferten. Sie soll Blessuren aus unserer Vergangenheit heilen, die früher einfach verdrängt wurden. Sie soll die sinnstiftende Oase in unserem entfremdeten, verwirrenden, postmodernen Leben sein. An diesem Katalog von Forderungen muss jeder Mann scheitern, auch eine Mischung aus Superman, George Clooney und Dr. Freud. Und erst recht der nette Typ, dem wir jeden Morgen im Zeitungsladen begegnen.

Liebe lebt von Sehnsucht, Hoffnungen, Wünschen und der Bereitschaft, sich auf Abenteuer einzulassen. Wenn sie überleben will, braucht sie aber auch starke Wurzeln im Boden der Realität. Sonst hält sie keinen Sturm aus. Wenn wir uns zu sehr an überzogene Erwartungen oder unrealistische, eventuell sogar zerstörerische Wünsche klammern, behindern wir uns damit auf der Partnersuche mehr, als dass wir dem Ziel näher kommen. Enttäuschungen und Kummer sind dann programmiert.

ÜBUNG

Den Märchenprinzen begraben

Dieses kraftvolle Ritual hilft, blockierende Vorstellungen loszulassen: Besorgen Sie sich eine »Ken«-Figur (das männliche Gegenstück zu Barbie). Kleiden Sie die Puppe so, wie es zu Ihrem Traumprinzen passt und denken Sie auch an die Accessoires, die Ihre Vorstellung vom idealen Partner widerspiegeln. Gehört ein Sportwagen zu Ihrem Traumprinzen, geben Sie ihm einen Spielzeugflitzer mit. Soll der Prinz gebildet sein, versehen Sie ihn mit Büchern.

Suchen Sie dann einen passenden »Sarg« (Kiste, Schuhkarton), in dem Sie Ihren Prinzen samt Beigaben begraben können. Gestalten Sie das Ritual nach Ihren Wünschen, klein und schlicht oder als feierliche Zeremonie. Sie können sich auch mit Freundinnen zusammentun, die ebenfalls ihre Traumprinz-Fixierung loslassen möchten, und die Beerdigung gemeinsam zelebrieren. Wenn Sie sich auf diese Art – oder mit einem anderen Ritual, das Sie sich selbst aussuchen – von Ihrem Fantasiebild verabschieden, treffen Sie gleichzeitig eine wichtige Entscheidung: In Zukunft werden Sie für die »echten«, ganz normalen Männer mit ihren guten und weniger guten Seiten offen sein.

... wenn alles gut wird?

Jeder Mensch hat seine eigenen, ganz individuellen Erwartungen an den Partner und an eine Beziehung. Mit den in Umfragen und Heiratsanzeigen genannten Kriterien wie »Treue, Humor, Zärtlichkeit, breite Schultern, sportliche Figur« hat diese Liste – meist unbewusster – Wünsche und Forderungen wenig zu tun.

Wie lässt es sich sonst beispielsweise erklären, dass Frauen, die sich nach eigener Aussage einen zuverlässigen, selbstbewussten, einfühlsamen Mann wünschen, immer wieder an unselbstständige, selbstbezogene Typen geraten, bei denen sie sich höchstens darauf verlassen können, dass sie mit ihnen dauerhaft unglücklich werden? So gut getarnt kommen Männer nicht daher. Die Ursache solcher Reinfälle ist meist, dass wir selbst unsere tatsächlichen Beziehungswünsche gar nicht kennen.

Jeder Mensch, der eine Beziehung eingeht, hat vieles im Gepäck: Wünsche und Forderungen, Ängste und Verbote, dazu die individuellen Wert- und Moralvorstellungen. Dahinter steht letztlich immer der kindlich-naive Wunsch: »Alles wird gut.« Dass sie dieses »Gepäck» mit sich tragen, erkennen die meisten erst, wenn sie verletzt werden, wenn eine Beziehung scheitert.

Jede neue Partnerschaft beginnt mit der Hoffnung, es diesmal besser zu machen, frühere Fehler zu vermeiden. Ob das gelingt und die Beziehung beiden Partnern das bisher vermisste Glück beschert, hängt zum großen Teil von den Beziehungswünschen und -erwartungen ab. Sie sind der Kompass, der uns durch das Wirrwarr der Angebote leitet. Manche dieser Navigationssysteme funktionieren gut und finden tatsächlich das Ziel. Andere zeigen den Kurs leider falsch an und führen immer wieder in die Irre, in die Enttäuschung. Sie bringen Beziehungen entweder schnell zum Scheitern oder erschweren schon ihr Entstehen.

Entscheidend ist, ob wir erwarten, uns mit der Unterstützung des Partners persönlich weiterzuentwickeln, oder ob wir insgeheim möchten, dass unser Partner uns diese Entwicklung abnimmt, unsere Mängel ausgleicht und für unser Glück sorgt. In diesem Kapitel können Sie einige dieser schwierigen Beziehungswünsche kennen lernen. Vielleicht kommt der eine oder andere Ihnen bekannt vor.

... wenn zwei ineinander aufgehen?

Sybille ist hübsch, aber ein wenig schüchtern. Sie ist auf dem Land aufgewachsen und findet die Großstadt immer noch bedrohlich. Deshalb bewegt sie sich am liebsten in festen, vertrauten Kreisen. Unter ihren Kolleginnen und Kollegen, mit ihrer Mädels-Clique, mit ihrer Qi-Gong-Gruppe. Sie kann gut zuhören und beobachten. Andere bewundern an ihr, wie farbig und fein ziseliert sie erzählen kann, wenn sie aus sich herausgeht. Sybille träumt gerne von großen Abenteuern und weiten Reisen, aber dann findet sie sich zum dritten Mal im Ferienhaus an der Ostsee wieder. Ihre letzte Beziehung ist lange her und hat sie unglaublich angestrengt. Eine Wochenendbeziehung.

Da war immer dieser Druck, dass die wenige gemeinsame Zeit besonders schön und harmonisch sein musste.

Deshalb hat Sybille nie was gesagt, wenn er auch an solchen freien Tagen nicht auf Handy und E-Mail verzichtete und manchmal mehr Zeit am Laptop verbrachte als mit ihr. Stattdessen hatte sie ständig Angst, irgendetwas falsch zu machen: zu viel Aufmerksamkeit zu fordern oder zu wenig Initiative zu ergreifen, zu aufgedreht oder zu langweilig zu sein. Und sie setzte darauf, dass er sehen würde, was sie alles für ihn tat. Wenn er sich für ein Wochenende ankündigte, sagte sie alles andere ab und besorgte schon mal seinen Lieblingswein. Auch sonst hat sie sich ganz auf ihn eingestellt. Sich eingeredet, dass R&B schon immer ihre Lieblingsmusik gewesen ist und Eishockey ein faszinierender Sport. Er hätte doch spüren müssen, dass es nicht einfach für sie war, meint Sybille noch heute. Dass sie sich immer zurückgenommen hat. Keine Szenen, keine lauten Kräche. Manchmal war sie ein bisschen traurig. Wenn er sie dann getröstet hätte, wäre ja alles wieder gut gewesen. Aber nein, er hat es ignoriert und war zum Schluss über ihre Tränen nur noch genervt.

Frauen wie Sybille wünschen sich weitgehende Übereinstimmung mit ihrem Partner. Sie sind beglückt, wenn er dieselbe Konfitürenmarke bevorzugt wie sie und werten es als gutes Omen, dass sie am selben Tag daran gedacht haben, abends ins Kino zu gehen. Auch noch in denselben Film. Wenn das nicht Seelenverwandschaft ist! Diese Frauen erträumen sich als Partner eine Zwillingsseele. Der Mann soll ein perfekter Spiegel sein, in dem Bild und Abbild eins werden.

Ein Spiegel, der sie so sieht und bestätigt, wie sie ist. Sie ganz und gar versteht und bejaht.

Dann brauchen sie sich nicht einsam oder wertlos oder ungesehen zu fühlen. Sie hoffen darauf, dass sich in der Partnerschaft auf magische Art ihr Wunsch danach erfüllt, total angenommen und verstanden zu werden.

Seelenverwandschaft, wie Sybille sie sich wünscht, verspricht Konfliktfreiheit. Beängstigende Streits und Auseinandersetzungen erübrigen sich. Wenn der andere genauso denkt, fühlt und empfindet wie man selbst, braucht man die eigenen Wünsche und Forderungen nicht offen und direkt auszusprechen. Der Partner weiß, errät, erfühlt sie ja ohnehin – und erfüllt sie ohne großen Aufwand. Es ist also nicht nötig, Ängste und Hemmungen zu überwinden und klar zu sagen, was man will – auf die Gefahr hin, sich damit unbeliebt zu machen.

Menschen mit diesem »Wir-sind-eins«-Beziehungswunsch sind meist empfindsam und sehr verletzlich. Kritik, kränkende Bemerkungen, Meinungsverschiedenheiten, alltägliche Unachtsamkeiten können sie zutiefst treffen und verunsichern, weil sie dann sofort an der Liebe des anderen zweifeln. Am liebsten wären solche Menschen im rauen Alltag und erst recht in ihrer Partnerschaft ein wenig in Watte gepackt. Doch ohne Konflikte kann eine Beziehung nicht wachsen. Vertrauen und Verbundenheit zwischen den Partnern entsteht vor allem durch das Wissen, dass man gemeinsam Krisen und Streit durchhalten, Standpunkte klären und Lösungen finden kann.

KENNEN SIE DAS?

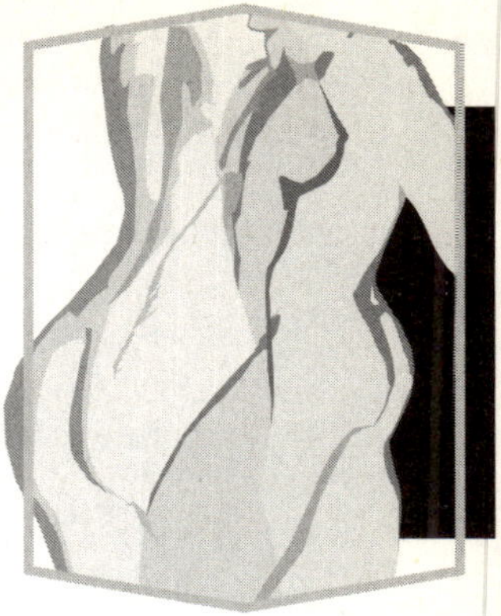

Wir sind eins

Wer von totaler Übereinstimmung träumt, hat oft Gedanken und Gefühle wie diese:

» **Einander zu lieben heißt, dasselbe zu denken und zu fühlen.**

Nein! Ihr Partner ist anders, handelt anders, reagiert anders als Sie. Machen Sie sich das bewusst, ohne es zu werten.

» **Wie kann er nur so sein?**

Schauen Sie genau hin: Geht es um einen gravierenden Charakterfehler, eine Eigenschaft oder Gewohnheit, die Ihre Beziehung ernsthaft gefährdet? Oder ist da einfach ein Unterschied zwischen Ihnen beiden? Und ist das vielleicht sogar ein Vorteil für Ihre Beziehung? Können Sie einander ergänzen? Vielleicht sogar voneinander lernen?

» **Warum merkt er nicht, wie mir zu Mute ist?**

Weil Sie es ihm nicht deutlich sagen. Auch der sensibelste Mann kann nicht hellsehen. Und kommt leicht zu falschen Schlüssen, wenn er auf Vermutungen angewiesen ist.

Äußern Sie sich lieber direkt.

Trainieren Sie, Sätze anzufangen mit:

» **Ich möchte ...**

» **Ich wünsche mir ...**

» **Ich finde gut ...**

» **Ich will ...**

Verzichten Sie auf Formulierungen wie:

» **Hast du nicht Lust ...**

» **Wollen wir vielleicht ...**

» **Möchtest du nicht auch ...**

» **Vielleicht wäre es ja schön ...**

... wenn du bist, wie ich dich will?

Wir stellen uns vor, wie der Mensch, den wir lieben werden, aussehen müsste, welche Eigenschaften er haben soll. Dann suchen wir uns einen echten Partner und formen ihn nach diesem inneren Entwurf. So ähnlich beschreibt es der deutsche Dramatiker und Schriftsteller Bertolt Brecht (1898–1956) in seinen »Geschichten vom Herrn Keuner«.
Brechts Protagonist ist ein Mann, aber meist sind es Frauen, die ständig versuchen, den Partner nach ihrem Bild zu formen. Sie wollen ihn klug, erfolgreich, ansehnlich, gebildet, einfühlsam, gewandt,

weltläufig, attraktiv, zärtlich, sexy, gesund, überzeugend, intelligent, witzig ... Sie können die Liste nach Belieben ergänzen mit Ihren Wünschen. Problematisch ist nicht, solche Wünsche haben. Wohl aber, darauf zu bestehen, dass der Partner all diesen Wünschen entsprechen soll. Natürlich dürfen und sollen wir Erwartungen an den Partner haben. In Maßen kann man sogar damit rechnen, dass Liebende sich in einer Beziehung zum Positiven verändern. Die Wünsche und die Kritik der Partnerin bieten immer auch eine Chance zur persönlichen Entfaltung und Weiterentwicklung. Aber die Fähigkeiten Ihres Partners, auf Ihre Erwartungen einzugehen, sind realistischerweise begrenzt.

»Ich kann in einer Beziehung nur glücklich sein, wenn meine Erwartungen befriedigt werden.«

Wenn Sie nicht in der Lage sind, diese Grenzen anzuerkennen, bleibt Ihre Liebe immer eine Art Abziehbild Ihrer Wünsche. Eine lebendige Beziehung zu einem normalen, widersprüchlichen, unvollkommenen Mann wird so nie daraus werden. Gemeinsames Wachstum in der Beziehung beruht immer auf Wechselseitigkeit. Soll Ihr Partner sich mit Ihren Ansprüchen auseinander setzen und ihnen gar gerecht werden, müssen Sie auch dazu bereit sein und seine Kritik aushalten können. Sonst bleibt es bei einer einseitigen Vorwurfs- und Erwartungshaltung. Irgendwann wird Ihr Partner sich unverstanden, unter Druck gesetzt und verfolgt fühlen. Die meisten Männer reagieren darauf aggressiv oder mit Rückzug.

Frauen, die so denken, vergleichen potenzielle Beziehungspartner ständig mit ihrem überhöhten Idealbild. Kommt es dann zu einer Partnerschaft, schneidet der Mann zwangsläufig schlecht ab, und die Frau schließt daraus: Wieder einmal hat sich bestätigt, dass Männer eben nichts taugen.

Wenn Frauen immer wieder die Mängel beim Partner suchen, statt die eigenen Ansprüche zu überprüfen, kann das ganz unterschiedliche Ursachen haben:

- Manche jagen dem Phantom einer vergötterten Elternfigur nach: Der Partner soll mindestens ebenso großartig sein wie der glorifizierte (oft früh verstorbene) Vater.
- Hoch geschraubte Erwartungen können helfen, die eigene Angst vor Nähe zu verdrängen. So muss man sich auch nicht damit auseinander setzen, und es geht wie im Märchen: Solange die Bewerber unlösbare Aufgaben bestehen müssen – und daran natürlich scheitern – kann die Prinzessin sicher sein, dass es nicht ernst wird. Vorerst braucht sie ihre Liebestüchtigkeit nicht unter Beweis zu stellen.
- Wer Vollkommenheit erwartet, ist möglicherweise der Überzeugung, selbst ein ganz besonders außergewöhnlicher Mensch zu sein, für den nur ein ebenbürtiger Partner in Frage kommt: Das Beste ist gerade gut genug. Einzelkinder, die von den Eltern sehr verwöhnt und vor allen Enttäuschungen behütet wurden, neigen zu dieser Selbsttäuschung.
- Wer an sich selbst hohe Ansprüche stellt und ein Höchstmaß an Disziplin und Selbstkontrolle aufbringt, um sie auch zu erfüllen, erwartet womöglich von seinem Partner, dass auch er sich einiges abverlangt.

... wenn der Spaß nie aufhört?

Die Idee, dass Liebe Spaß machen soll, ist nicht neu. In der Spaß-Gesellschaft der späten 90er, dieser Zeit des Entertainments und des zwanghaften Gut-drauf-Seins, hat dieses Beziehungsideal unter jungen Singles weitere Fans gefunden. Paare wie Franziska van Almsick und Jochen Kretzschmar oder die Beckhams sind Prototypen dieser Art von Partnerschaft.
Die Beziehung als große Party, auf der ständig etwas passiert. Bunt, schön, aufregend – abwechslungsreich wie ein MTV-Videoclip. Wenn es zu langweilig wird, einfach weiterzappen. »Spaß-Beziehungen«

sind für viele Singles der ideale Kompromiss aus der Sehnsucht nach Bindung und dem Wunsch, von Ansprüchen und Verpflichtungen frei zu sein.

Manche dieser Beziehungen erinnern an Werbespots mit schlanken, braun gebrannten jungen Menschen an exotischen Stränden oder auf entlegenen Skihütten: Hauptsache, die Laune und der Sex sind gut und das Markenlogo stimmt. Die meisten dieser Spots sind allerdings schnell zu Ende. »Die Menschen versuchen nicht, große Literatur zu erleben, sie versuchen, Fernsehserien zu imitieren», hat der Filmregisseur Woody Allen einmal gesagt. Oder sind es vielleicht doch nur die Werbespots, an denen wir uns unbewusst orientieren?

Der Nächste bitte

Cora ist das typische verwöhnte Einzelkind. Von wohlhabenden Eltern in allen Bereichen des Lebens tüchtig gesponsert, wuchs sie mit dem Bewusstsein auf, dass nichts unmöglich ist. Materielle Wünsche gingen mehr oder weniger sofort in Erfüllung. Sie war ein quirliges, temperamentvolles Kind. Im Mittelpunkt zu stehen, ihre Eltern, Verwandten und Freunde zu unterhalten und dafür bewundert zu werden, war für Cora alltäglich. Hätte es damals schon so etwas wie »Popstars« oder »Deutschland sucht den Superstar« gegeben, sie hätte erfolgreich daran teilgenommen. Nach der Schule hat sie eine Schauspiel- und Tanzausbildung gemacht.

Der Durchbruch lässt noch auf sich warten, aber sie muss ja auch nicht als Künstlerin ihren Lebensunterhalt verdienen.

Cora sucht sich Männer mit Starqualitäten, am liebsten gut aussehende Sportler oder Tänzer, mit denen das narzisstische »Ich-bewundere-dich-und-du-bewunderst-mich-und-durch-unsere-gegenseitige-Bewunderung-werden-wir-noch-bewundernswerter«-Spiel gut funktioniert.

Als Kind hat Cora viel materielle Zuwendung und immer wieder die Versicherung bekommen, für Mama und Papa die Wichtigste und Beste zu sein. Was nichts daran änderte, dass Papa mehr Zeit für seine Golffreunde als für seine Tochter aufbrachte und Mama entweder shoppen oder beim Arzt war. Die Beziehung ihrer Eltern war stabil, aber eher kühl. Jeder ließ dem anderen seine Freiheiten, gemeinsam wurde die Verpflichtung erfüllt, die Fassade aufrechtzuerhalten, sich als erfolgreiches, strahlendes Paar zu präsentieren.

Für Cora spielen sich Gefühle an der Oberfläche ab. Die muss stimmen, glänzen, perfekt sein. Trauer, Resignation oder gar Enttäuschung haben da keinen Platz. Sie werden – wie schon bei ihren Eltern – verleugnet und vom Rampenlicht fern gehalten. Cora kann Trennungen schnell wegstecken, ist meist sogar die treibende Kraft dabei. Sobald der Spaß droht, ernst zu werden, beendet sie die Beziehung. Wird sie mal von einem Lover verlassen und kann nicht sofort mit dem nächsten »weiterlieben«, stürzt Cora regelrecht ab: Fressanfälle, Heulkrämpfe, tiefe Depression. Dann bricht abgrundtiefe Leere in ihr auf, und die Lieblosigkeit der »verwöhnten« Kindheit lässt sie frieren. Um den Schrecken der eigenen Bedürftigkeit, der unermesslichen Sehnsucht nach Liebe, die mehr bedeutet als »Sind-wir-nicht-ein-cooles-Traumpaar?«, zu bannen, macht Cora gnadenlos weiter. Das hat sie schon von ihren Eltern gelernt und findet es von den Medien endlos reproduziert: »The show must go on!«

Treue und Zuverlässigkeit zählen nicht so viel im Weltbild der Spaß-Liebenden.

Gefühle kommen und gehen, auf ihre Beständigkeit ist kein Verlass. Wer zu lange bei einem Partner bleibt, könnte etwas Wesentliches verpassen. Liebe ist Spaß, Spiel und bezaubernde Leichtigkeit. Im Selbstbedienungsladen der Gefühle nimmt sich jeder, was er braucht. Die Liebe wird zum Tauschgeschäft, der Liebespartner zum Konsumobjekt. Ich biete eine Menge attraktive Eigenschaften und suche einen Partner mit gleichem Marktwert. Mit zunehmendem Alter wird es allerdings schwieriger, in diesem Spiel mitzuhalten. Spätestens nach den ersten Kränkungen müssen die Beziehungs-Hopper sich fragen: Hinter was laufe ich eigentlich her? Und wovor laufe ich immer davon?

KENNEN SIE DAS?

Irrtümer über die Liebe

Welcher der folgenden Aussagen stimmen Sie zu?

Sie können beliebig viele Kreuze machen; aber bitte kreuzen Sie nur die Sätze an, von denen Sie wirklich überzeugt sind.

» In einer wirklich glücklichen Beziehung hören Verliebtsein und romantische Zweisamkeit niemals auf.

» Die Liebe ist die wahre und einzige Bestimmung der Frau.

» Liebe löst alle Probleme.

» In einer guten Partnerschaft sind Mann und Frau unzertrennlich: Sie fühlen, denken und wollen dasselbe, machen alles gemeinsam und sind sich selbst genug.

» Für die Frau ist Sex ein Gefühlsakt, für den Mann ein körperlicher Akt.

» Gute Beziehungen sind harmonisch.

» Männer leben ganz für ihren Beruf, Frauen für eine Partnerschaft.

- Männer sind nun mal polygam.
  Mit ihrer Untreue muss frau sich abfinden.
- Alles hat einmal sein Ende, auch jede Beziehung.
- Lieber eine schlechte und/oder komplizierte Beziehung
  als gar keine.
- Liebe ist die unverzichtbare Voraussetzung für jede Ehe.
- Männer brauchen mehr Sex als Frauen.
- Das Geheimnis ewigen Beziehungsglücks liegt darin,
  den Traumpartner zu finden. Scheitert die Beziehung,
  dann war es eben nicht der Richtige.
- Je größer die Verliebtheit am Anfang einer Beziehung,
  desto besser wird sie verlaufen.
- Liebe ist die einzige Antwort auf das Problem der Einsamkeit.
- In einer Beziehung muss man sich selbst aufgeben.
- In einer guten Beziehung sollte es ungefähr
  zweimal pro Woche Sex geben.
- Männer sind polygam, Frauen monogam veranlagt.
- Sex ist nur dann gut, wenn Mann und Frau
  ihren Orgasmus gleichzeitig erleben.
- Wenn du einen Mann an dich binden willst,
  musst du dich rar machen.
- Sex mit demselben Partner wird irgendwann langweilig.

» In einer guten Partnerschaft braucht man nicht viele Worte, um sich zu verständigen: Jeder spürt instinktiv, was die/der andere möchte und sich wünscht.

» Mann und Frau sind grundverschieden. Sie können einander niemals richtig verstehen.

» Konflikte und häufiger Streit sind ein Zeichen dafür, dass eine Beziehung vor dem Scheitern steht.

» Ohne Liebe ist guter Sex unmöglich.

» Totale Offenheit ist die Voraussetzung für eine gute Beziehung.

» Für die »Beziehungsarbeit«, das Funktionieren einer Partnerschaft, ist vor allem die Frau zuständig.

» Nach einem Streit ist der Sex besonders gut.

» Mann und Frau dürfen keine Geheimnisse voreinander haben.

Diese »kleine Liste von Irrtümern, Halbwahrheiten und unberechtigten Verallgemeinerungen in Bezug auf Liebe, Ehe und das andere Geschlecht« stammt zum großen Teil aus Dietmar Stiemerlings Buch »Sehnsuchtsprogramm Liebe« (Klett-Cotta, 2002).

Auswertung

0 Kreuze

Bravo! Eine ausgebuffte Beziehungsexpertin. Oder Sie machen sich einfach keine Illusionen mehr. Jedenfalls glauben Sie nicht an all die Halbwahrheiten, die wir zum Thema Liebe im Kopf haben, und engen sich nicht ein durch vorgefasste Meinungen. Das öffnet Ihnen die unverstellte Sicht auf Männer und Möglichkeiten.

1 bis 4 Kreuze

Sie lassen sich erfreulich wenig von irreführenden Annahmen über Beziehungen leiten. Es kann aber sein, dass gerade die wenigen Ansichten, denen Sie zustimmen, Sie sehr stark beeinflussen. Die Wahrscheinlichkeit ist besonders groß, wenn es in allen Aussagen, die Sie angekreuzt haben, um dasselbe Thema geht, etwa Harmonie (»Gute Ehen sind harmonisch/In einer guten Partnerschaft sind Mann und Frau unzertrennlich«). Wie sind Sie zu diesen Überzeugungen gekommen? Was würde sich ändern, wenn Sie sich davon frei machten?

5 bis 10 Kreuze

Sie haben sich schon eine Menge Gedanken über die Liebe gemacht. Und dabei leider einige Vorurteile oder unzutreffende Verallgemeinerungen übernommen. Schauen Sie sich »Ihre« Aussagen noch mal genau an. Lassen sie sich als allgemeine Regeln oder Feststellungen wirklich aufrechterhalten, oder sind es eher Ihre Schlüsse aus persönlichen Erfahrungen? Könnten Sie sich vorstellen, dass es Ausnahmen von diesen »Regeln« gibt? Welche fallen Ihnen ein?

Mehr als 10 Kreuze

Erkenntnisse helfen uns, uns in der verwirrenden Realität zu orientieren. Das gibt uns Sicherheit. Aber Sie haben einige ungesicherte Überzeugungen gesammelt, die Sie beim Verstehen von Beziehungen eher behindern. Was immer Sie angekreuzt haben – es sind keine gesicherten allgemein gültigen Gesetze. »Ihre« Aussagen spiegeln die Botschaften und Muster, die Sie aus Ihrem Elternhaus mitgebracht und/oder sich später zu Eigen gemacht haben. Es geht hier nicht darum, Ihnen nachzuweisen, dass Sie sich »irren« oder von Beziehungen keine Ahnung haben. Jeder hat seine individuelle Meinung, und vieles davon stimmt ja auch. Viele Männer stecken tatsächlich mehr Energie in ihren Beruf als in ihr Beziehungsleben.

Aber das gilt nicht zwangsläufig für den Mann, den Sie gerade kennen gelernt haben oder mit dem Sie zusammen sind. Und wie weit Sie sich dem Beziehungsleben widmen, hängt überwiegend von Ihrer Entscheidung ab.
Natürlich ist Offenheit eine wichtige Voraussetzung für eine tiefe Beziehung. Aber totale Offenheit überfordert die Partner und bedroht ihre individuellen Grenzen. Zu viel Offenheit kann unter Umständen gefährlicher für die Beziehung sein als einige wenige Geheimnisse. Auch hier gilt: Jedes Paar muss seine eigenen Grenzen im Umgang mit Offenheit und der individuellen Intimsphäre finden. Sex ist eine zu individuelle und intime Angelegenheit, als dass es dafür allgemeingültige Glücksrezepte gäbe.
Gehen wir mit vorgefassten Meinungen auf die Partnersuche, orientieren wir uns oft an falschen Vorstellungen, die in die Irre führen. Und es ergeht uns so, als würden wir die Hamburger Alster in Berlin suchen. Oder in Paris mit einem Stadtplan von London herumlaufen. Wir kommen und kommen bei allen Bemühungen nicht ans Ziel. Sprechen Sie mit Ihren Freundinnen. Was haben sie für Ansichten? Und lesen Sie weiter in diesem Buch!

... eine Himmelsmacht?

Im echten Leben geht es meist viel einfacher zu als im Film: Wir glauben zwar gerne an die Schicksalsmacht, die uns unter unglaublichsten Umständen mit dem Mann unseres Lebens zusammenführt. So wie Julia Roberts unweigerlich den Buchladen in Nottinghill Gate betritt, in dem ihr Leben eine andere Wendung nehmen wird. Oder der smarte College-Dozent sich in ein griechisches Restaurant verirrt, dort von einem hässlichen Entlein bedient wird und dann alles mit einer »Big Fat Greek Wedding« endet. Die Wahrheit ist wesentlich simpler und fast banal: Gelegenheit macht Liebe.

Die meisten Beziehungen entstehen nicht gerade in unmittelbarer Nachbarschaft, aber unter allen sechs Milliarden Erdbewohnern finden wir unsere große Liebe mit einer Wahrscheinlichkeit von 85 Prozent im Umkreis von mickrigen 20 Kilometern.
Vergessen Sie also alle komplizierten Szenarien und entspannen Sie sich. Viele Paare finden sich nicht auf den berühmten ersten Blick, sondern nachdem sie sich schon eine Weile aus einem anderen Zusammenhang kennen. Plötzlich sehen Sie den sympathischen Arbeitskollegen bei einer Besprechung zu zweit mit anderen Augen. Oder Sie entdecken bei einem längeren Gespräch mit Ihrem Blumenhändler Ihr gemeinsames Interesse für amerikanische Short Storys. Eine Autopanne auf der Fahrt zur Geburtstagsfeier einer Freundin zwingt Sie, mit dem Bruder der Freundin in einem kleinen Landgasthof zu übernachten ...
Solche Beziehungen zu »guten Bekannten« haben große Aussicht auf Erfolg. Sie haben den Menschen, in den Sie sich verliebt haben, schon mit nüchternen Blicken gesehen. Sie lernen ihn nicht im siebten Himmel kennen. Sie wissen um seine Stärken und Schwächen. Auch im größten Liebestaumel erliegen Sie nicht nur ihren hormongeschönten Idealbildern von ihm. Das schützt vor übermäßigen Illusionen und dementsprechenden Enttäuschungen.

... wie im Kino?

Liebesgeschichten, wie sie in Hollywood geschrieben werden, folgen dem Motto: Gegensätze ziehen sich an. Von »African Queen« bis »Pretty Woman« – die beiden, die scheinbar am wenigsten zueinander passen, erkennen über alle Hindernisse hinweg ihre innere Bestimmung und werden ein Paar. Was beim verträumten Zuschauen leicht vergessen wird: Wenn auf der Leinwand der Abspann läuft, geht es im normalen Leben erst richtig los. Und dann stehen die Chancen für die Schauspielerin, die einen Bauarbeiter geheiratet hat oder für die Lehrerin mit dem jungen afrikanischen Partner gar nicht so gut. In Hollywood liest man offenbar keine Statistiken, die geben ja auch keine kassenfüllenden Plots ab. Fest steht: Die meisten

Menschen heiraten einen Partner mit ähnlichem sozialen Hintergrund, aus derselben Ethnie, in ungefähr demselben Alter, mit einem ähnlichen Bildungsstand und vergleichbarem äußerlichem Attraktivitätsgrad. 50 Prozent aller Liebenden stammen aus dem gleichen sozialen Milieu und gehören der gleichen Religion an.
Das ist weder aufregend noch romantisch, macht aber Sinn. Große Unterschiede in einer Partnerschaft schaffen entsprechend viel Spannung und Stress. Bei großen sozialen, materiellen, kulturellen oder charakterlichen Unterschieden prallen in einer Beziehung zwei Welten aufeinander. Je größer die Unterschiede - auch im Alter -, desto mehr Konfliktpotenzial. Es braucht viel Einfühlungsvermögen, Toleranz und Diplomatie, um damit umzugehen.
Gegensätze ziehen sich an, weil man hofft, im anderen das zu finden, was man an sich selbst vermisst. Den ersehnten Gegenpol, der uns ergänzen, heilen, perfekt machen soll. Der Wunsch nach Ganzheit bewegt jeden Menschen. Aber Gegensätze schaffen auch Konflikte. Das übersehen wir in unserer romantischen Sehnsucht gerne. Dabei sind Konflikte programmiert, wenn beispielsweise eine lebenslustige, in der Stadt aufgewachsene Künstlerin den zurückgezogenen, bodenständigen Erben eines Landgutes heiratet. Wer gibt was auf? Wer passt sich wem an? Wer lernt von wem? Die anfängliche Euphorie des »Zusammen-sind-wir-unschlagbar.-Das-werden-wir-schon-hinkriegen« weicht in vielen dieser Partnerschaften einem Dauerkampf oder innerer Resignation.

ÜBUNG

Was wollen Sie wirklich?

Erst wenn Sie Ihre Wünsche, Ihr inneres Navigationssystem kennen, können Sie auch Kurskorrekturen vornehmen. Schreiben Sie hemmungslos und unzensiert alles auf, was Sie sich von Ihrem Idealpartner wünschen, wie beispielsweise

- Offenheit
- Zielstrebigkeit
- Humor
- Zärtlichkeit
- Treue
- guten Sex
- Einfühlungsvermögen
- Leidenschaft
- Ehrlichkeit
- anregende Gespräche
- Humor
- Durchsetzungsvermögen

Welche Eigenschaften und Fähigkeiten fallen Ihnen noch ein?

____

____

____

Womit kann Ihr Partner dazu beitragen, mit Ihnen eine glückliche Beziehung zu führen?

____

____

____

Sehen Sie sich die Eigenschaften und Fähigkeiten auf Ihrer Liste genau an.

→ **Welche sind für Sie absolut unverzichtbar?**
Schreiben Sie diese auf eine neue Liste und versuchen Sie dabei, sie der Wichtigkeit nach zu ordnen. Jetzt nehmen Sie sich diese neue Liste noch einmal vor.

→ **Welches sind absolute »Herzenswünsche«, auf die Sie nicht verzichten können?**
Markieren Sie diese Wünsche (z. B. Zärtlichkeit, Verständnis) bitte mit einem Herzchen.

→ **Welches sind Kopfwünsche?**
Markieren Sie diese Wünsche (z. B. gemeinsame Perspektive, materielle Sicherheit) mit einem Kreuz.

→ **Stehen Herzens- und Kopfwünsche in einem ausgewogenen Verhältnis, haben Sie von beiden etwa gleich viele?**

→ **Welcher Bereich kommt zu kurz?**

Gehen Sie Ihre Liste noch einmal durch und achten Sie darauf, 0welche Eigenschaften sich eventuell gegenseitig ausschließen. Sie werden beispielsweise kaum einen Mann finden, der zugleich Abenteurer und zuverlässig ist, vermutlich auch keinen, der beruflich sehr erfolgreich und bereit ist, sich mit mehr als 50 Prozent an der Hausarbeit zu beteiligen. Entscheiden Sie sich in solchen Zweifelsfällen jeweils für die Eigenschaft, die Ihnen wichtiger ist.
Sie haben jetzt ein ungefähres Profil von Ihrem Wunschpartner. Vielleicht haben Sie immer geglaubt, Sie sehnen sich nach einem großen, sportlichen Mann, mit handfesten Grundsätzen, einem soliden Beruf und guten Umgangsformen. Und dann verlieben Sie sich in einen kleinen Mann mit etwas Bauch, unsicherer Existenz und lässigen Manieren. Der Mann, der Ihr Herz gewinnt, muss nicht unbedingt in allen Einzelheiten Ihrem Idealbild entsprechen.

Es gibt allerdings »Beziehungsqualitäten«, die Männer besonders vielversprechend scheinen lassen. Sie sind es, die sich im Beziehungsalltag positiv auswirken – unabhängig vom Bildungs- oder Kontostand:

- → **Bereitschaft, Gefühle zu zeigen und auch auf Ihre Gefühle einzugehen,**
- → **Bereitschaft zu Veränderung und persönlicher Entwicklung,**
- → **Einfühlungsvermögen,**
- → **Selbstachtung/Selbstbewusstsein und zugleich die Bereitschaft, auch Sie und Ihre Beziehung zu schätzen,**
- → **Integrität,**
- → **Loyalität.**

Aktuelle wissenschaftliche Untersuchungen zeigen: Frauen, die es zu glücklichen Beziehungen gebracht haben, richten sich offenbar intuitiv vor allem nach diesen Beziehungswünschen.

Frauen wissen, was wirklich zählt

Sicher ist: Bei der Partnerwahl haben Sie auf jeden Fall bessere Startchancen als ein männlicher Single. Denn Frauen wissen, worauf es in einer Partnerschaft ankommt. Das belegt neben anderen Studien die Untersuchung der österreichischen Anthropologinnen Sabine Riel und Barbara Schweder (»Wie Frauen Männer gegen ihren Willen glücklich machen«, Ueberreuter, 2003). Gefragt wurde unter anderem nach den Eigenschaften, die für die Partnerwahl entscheidend waren, und wie sich diese Eigenschaften im Lauf der Beziehung verändert haben. Zum Schluss sollten die Partner ihre Zufriedenheit und ihr Glücksempfinden in der Partnerschaft einschätzen. Das Fazit der Forscherinnen: »Frauen wissen besser als Männer, nach welchen Kriterien an einem Mann sie Ausschau halten müssen, um

später eine glückliche Beziehung zu führen. Äußerlichkeiten stehen auf ihrem Wunschzettel ganz unten, soziale Eigenschaften hingegen ganz oben. Die Hitparade der ersten vier ist: Aufrichtigkeit, Interesse an mir, Humor und Einfühlungsvermögen.
(...) Dass die Kriterien, nach denen Frauen wählen, allerdings auch jene sind, die das Paar glücklich machten, war bisher noch nicht bekannt. Das ist der springende Punkt: Frauen machen damit nicht nur sich selbst, sondern auch den Partner glücklich.«
Was andere Frauen geschafft haben, können Sie auch! Vertrauen Sie auf Ihre Fähigkeit, den Mann zu erkennen, mit dem Sie eine glückliche Beziehung führen können.

KURZ GEFASST

Manchmal geschieht es und ein Kronprinz heiratet aus lauter Liebe ein bürgerliches Aschenputtel. Wir freuen uns über real existierende glückliche Paare, die sich gefunden haben und sich zueinander bekennen. Wir wissen, dass glückliche Paare Einfühlungsvermögen und die Fähigkeit zu liebevoller Kommunikation besitzen. Gegenseitige Offenheit und Interesse aneinander, die Fähigkeit, lösbare Konflikte auf ähnliche Art zu regeln, unlösbare Konflikte ungelöst zu lassen und beides voneinander zu unterscheiden. Aber wir wissen trotz aller Untersuchungen nicht genau, wie sie das erreicht haben.
Mit Sicherheit haben sie sich weder der Verklärung noch der totalen Entzauberung hingegeben. Und wahrscheinlich waren sie niemals Märchenprinzen oder -prinzessinnen, sondern lediglich im richtigen Moment ihres Lebens bereit, sich auf das Risiko einer großen Liebe einzulassen.

EINEN GUTEN MANN FINDEN

Ob er groß genug ist oder volles Haar hat, ob er gepflegte Schuhe trägt und keine weißen Socken dazu, wie sein After-Shave duftet, ob er nicht raucht oder gerade doch (und auch noch Ihre Marke!), sagt etwas über Ihre Vorlieben aus, aber wenig über den Mann. Gute Männer lassen sich nicht an Aussehen, Kleidung, Alter, Beruf oder Statussymbolen erkennen,

Schönheit – ein Charakterfehler?

Um einen guten Mann zu finden, muss man erst mal wissen, wie man die guten von den ungeeigneten unterscheidet. Äußerlichkeiten sind dabei weniger wichtig. Allzu oft verbirgt sich hinter einem attraktiven Aussehen nichts weiter als ein Blender. Und der scheinbar faszinierend erfolgreiche Kreative ist nur ein Bluffer.
Seine Erscheinung sollte Ihnen schon gefallen. Aber viele Frauen engen ihren Horizont zu sehr ein. Bestimmte Männer kommen bei ihnen von vornherein nicht als potenzielle Kandidaten in Frage: weil sie eine Brille tragen, keine Athletenfigur haben, weil sich ihre Haare im Nacken kringeln oder ihre Füße in Cowboystiefeln stecken. Dass der Typ mit der Gelfrisur einen prächtigen Humor hat, der Bärtige ein genialer Zuhörer ist und der schmale Hänfling im Bett mit Kunststückchen bezaubern kann – all das wird leider für immer unentdeckt bleiben.

Versuchen Sie, Äußerlichkeiten möglichst zu ignorieren und alle Männer erst mal neutral zu betrachten.

Machen Sie sich nach Möglichkeit frei von Klischees – das ist übrigens hilfreich bei Bekanntschaften und Beziehungen aller Art. Verhalten Sie sich wie ein interessiertes Wesen von einem anderen Planeten, das gerne herausfinden möchte, was mit den männlichen Erdenbewohnern los ist. Natürlich kann das nur ansatzweise gelingen, denn zu einem Menschen gehören nun mal auch sein Äußeres, seine Umgebung, sein Beruf.
Aber es ist schon viel gewonnen, wenn Sie von Vorurteilen loskommen. Es muss nicht dieser blauäugige »Ich kriege-nichts-auf-die-Reihe«-Charme eines Hugh Grant sein. Und auch nicht der Mann, der schon mit seinem Styling verrät, dass er in erster Linie in sich selbst verliebt ist.

Meine persönliche Meinung dazu ist sicher nicht mehrheitsfähig – trotzdem: Ich halte Schönheit bei Männern in vielen Fällen für einen Charakterfehler. Sicher gibt es Ausnahmen, aber viele gut aussehende Männer wurden von Anfang an von so vielen Frauen – und oft auch von Männern – verwöhnt und bewundert, dass sie es kaum nötig hatten, darüber hinaus große Qualitäten zu entwickeln. Abgesehen von einer gewissen Coolness, die wohl nötig ist, wenn man ständig im Mittelpunkt steht. Die meisten schönen Männer sind zu langweilig, als dass es sich lohnen würde, und die anderen zu begehrt, als dass Sie realistische Chancen hätten. Achten Sie nicht nur auf Paradiesvögel.

Schlaue Frauen gönnen auch unscheinbaren Männern einen zweiten und einen dritten Blick.

Der beste Seismograf zum Aufspüren interessanter Männer sind Ihre fünf Sinne. Achten Sie mehr auf Ausstrahlung als auf Aussehen. Damit meine ich nicht, dass Charisma, wie es z. B. Bill Clinton oder Gerhard Schröder zugeschrieben wird, zu den Merkmalen eines guten Mannes gehört. Vielmehr will ich Ihre Wahrnehmung dafür schärfen, welche Ausstrahlung auf Sie anziehend wirkt. Der Klang einer Stimme, ihr Tempo und Rhythmus, die Art, wie ein Mensch sich bewegt, seine Gesten – all das fügt sich meist sekundenschnell zu einem ersten Eindruck, der über Top oder Flop entscheidet. Aber auch hier sind wir oft zu sehr von früheren Erfahrungen und vorgefassten Meinungen geprägt, und es lohnt sich allemal, das eigene Wahrnehmungsspektrum zu erweitern.

Papas starke Arme

Einer meiner Klientinnen war aufgefallen, dass sie die Unterarme von Männern anziehend findet, besonders, wenn sie kräftig und hell behaart sind und sich mit Bestimmtheit bewegen. Welcher Mensch an diesem Unterarm dranhing, spielte keine so große Rolle. Hatten die Arme erst mal ihre Aufmerksamkeit erregt, war sie bereit, sich in den Rest zu verlieben,

sofern es sich nicht um einen kompletten Idioten handelte. Da leider etliche Halbidioten über schöne, muskulöse Unterarme verfügen, war sie nach diversen Reinfällen von ihrer Art der Beziehungswahl genervt.
Diese junge Frau fand heraus, dass sie die innigsten Momente mit ihrem Vater erlebt hatte, wenn er sie nach Feierabend in seine Werkstatt mitnahm. Er arbeitete mit hochgekrempelten Ärmeln an der Werkbank, ließ sie zuschauen und gab auch ihr etwas zu tun. Manchmal durfte sie bei ihm auf dem Schoß sitzen.

Seine Unterarme waren kräftig, rötlich behaart und für sie der Inbegriff von Kraft und Geborgenheit.

Ihr Vater war ein wortkarger, wenig emotionaler Mensch, der nur selten aus sich herausging. Es gehörte zu den Höhepunkten der Vater-Tochter-Beziehung, von ihm in die Luft geworfen und wieder aufgefangen zu werden, oder mit ihm und dem größeren Bruder auf dem Fußboden zu rangeln. Die kräftigen, Halt gebenden Arme ihres Vaters waren für meine Klientin unbewusst zum Symbol der Beziehung geworden, nach der sie sich sehnte. Ihre erste große Liebe war Tennistrainer.
Nachdem ihr klar geworden war, dass sie immer noch die Nähe und den Schutz der väterlichen Arme sucht, konnte meine Klientin sich von der »Starker-Arm-Fixierung« lösen. Sie achtet jetzt mehr darauf, ob ein Mann auch auf der geistigen und emotionalen Ebene fähig ist, sich mit ihr zu messen und ihr Halt zu geben.

Was zählt, sind weniger äußerliche Vorzüge als vielmehr das Wesen, der Charakter eines Mannes. Beides offenbart sich am ehesten in seinem Verhalten und in seiner Art zu kommunizieren.

Merkmale eines guten Mannes

- Er tut, was er sagt. Es gibt keine krassen Widersprüche zwischen seinem Reden und seinem Verhalten.
- Er hält Verabredungen und Zusagen ein.
- Er übernimmt die Verantwortung für seine Handlungen.
- Er ist in der Lage, sich zu entschuldigen, wenn er einen Fehler gemacht hat.
- Er kann Entscheidungen treffen und zaudert nicht ewig herum.
- Er sieht sich selbst realistisch und gibt nicht an.
- Er hat Lebensziele, die über das Materielle hinausgehen.
- Er hat klare politische, religiöse und moralische Haltungen.
- Er stellt sich Konflikten, statt auszuweichen.
- Er bleibt bei seiner Meinung, egal, mit wem er zusammen ist.
- Er ist fair und nutzt andere Menschen nicht aus.
- Er mag seinen Beruf und ist engagiert bei der Arbeit.
- Falls er Kinder hat, kümmert er sich um sie und erfüllt seine Unterhaltspflichten.
- Er hat keine größeren Macken.
- Er benimmt sich anderen gegenüber höflich und respektvoll.

- Er ist tolerant gegenüber anderen Meinungen und Überzeugungen, ohne seine eigene Haltung zu verleugnen.
- Er ist seinen Freunden gegenüber loyal.
- Er kann Kritik annehmen.

Der gute Mann im Gespräch

- Er hört aufmerksam zu.
- Er stellt Fragen, die Interesse signalisieren.
- Er lässt andere ausreden.
- Er sieht seinem Gegenüber in die Augen.
- Er erzählt auch Persönliches.
- Er äußert sich direkt, sagt klar, was er will: »Ich würde gern mit dir ins Kino gehen.«

- Er kann Kritik mit Charme und Witz vorbringen.
- Er redet über frühere Beziehungen, ohne die Partnerinnen ständig schlecht zu machen.
- Er hält sich vor abfälligen, entwertenden Äußerungen zurück.

Männer sind auch nur Menschen

Viele Frauen haben ein verzerrtes Männerbild. Einerseits sind die Wünsche und Erwartungen an den Traummann unrealistisch hoch, andererseits werden die ganz normalen Erfahrungen mit echten Männern übertrieben schwarz gemalt.
Hinzu kommt: Gerade in der Kennenlernphase sind viele Frauen ständig damit beschäftigt, ihren neuen Mann zu interpretieren. Möglichst mit fachkundiger Unterstützung ihrer Freundinnen. Jedes Wort wird auf die Goldwaage gelegt, alles, was er getan hat und besonders, was er nicht getan hat, ist Gegenstand der Analyse.

Warum ruft er nicht an?

Ingo hat sich nach seinem wichtigen Vorstellungsgespräch nicht bei Britta gemeldet. Er lebt in München, Britta in Frankfurt. Sie kennen sich seit vier Monaten, und für Britta ist es die zweite wichtige Beziehung in ihrem Leben. Lange Zeit hatte sie daran gezweifelt, ob sie überhaupt jemals einen festen Partner finden würde.

Mit Ingo ist ein Traum in Erfüllung gegangen.

Er sieht gut aus, ist unkompliziert, hat sein Jura-Studium gerade abgeschlossen und gibt Britta das Gefühl, wirklich wichtig für ihn zu sein. So oft er kann, kommt er sie besuchen, und jetzt bewirbt er sich sogar um eine Stelle in Frankfurt.
Das Wochenende haben sie zusammen verbracht, am Montagnachmittag hatte Ingo dann das Bewerbungsgespräch in der Rechtsabteilung einer großen Firma. Danach wollte er wieder nach München zurück. Das Wochenende war aus Brittas Sicht ganz verliebt und innig, nur dass Ingo vielleicht ein wenig schweigsam war. Auf jeden Fall geht sie fest davon aus, dass er sie am Montagabend anrufen würde, um von dem Gespräch zu erzählen. Eigentlich hat sie sogar mit seinem Anruf sofort danach gerechnet. Darüber gesprochen, ob und wann er sich melden würde, hatten sie allerdings nicht.
Am Montagabend um zehn (Ingo hat sich noch nicht gemeldet) hat Britta schon mit drei Freundinnen telefonisch konferiert – in zunehmender

Panik: Wie kann er nach so einem wichtigen Termin auf Tauchstation gehen? Das kann doch nur heißen, dass sie ihm nicht wichtig genug ist. Er muss doch wissen, wie viel ihr daran liegt, zu erfahren, ob es geklappt hat mit Frankfurt und der gemeinsamen Zukunft. Wenn er sie wirklich lieben würde, hätte er schon längst angerufen. Die einzige Entschuldigung dafür, sich nicht zu melden, kann nur ein schwerer Unfall sein. Genau genommen nur ein Unfall mit tödlichem Ausgang. Dass Ingo sich auch am Dienstag nicht meldet, lässt Britta zwischen Sehnsucht und Hass hin und her schwanken und sogar an Trennung denken. Nur lieblose und gedankenlose Männer können sich so verhalten.
Für Britta ist es undenkbar, Ingo anzurufen, weil es ihrer Ansicht nach ganz klar seine Sache ist, sich zu melden. Sie will ihm schließlich nicht nachlaufen. Und wenn er sich nicht meldet, heißt das, dass er keinen Kontakt mit ihr will.

Britta rotiert in dem typischen »Warum-ruft-er-nicht-an«-Karussell, mit dem sich viele Frauen quälen. Ihr ganzes Denken kreist nur noch um Ingo. Allerdings mehr um das, was er eigentlich für sie tun sollte, als darum, wie es ihm vielleicht gerade geht und warum er sich so verhält. Britta hat ihre feste Vorstellung davon, wie Ingo funktionieren müsste, wenn er sie liebt. Aber vielleicht funktioniert Ingo ganz anders und liebt sie trotzdem?

Was ist wirklich passiert?

Vielleicht war es so:

Ingo hatte schon in dem Gespräch den Eindruck, dass er nicht der Bewerber ist, den die Firma sucht. Er hat sich gut geschlagen, aber er war nicht überzeugend genug. Die endgültige Nachricht wird er erst Ende der Woche bekommen. Es ist nicht so schlimm, es wird neue Chancen geben, aber ein bisschen fühlt Ingo sich wie ein Versager. Erst mal will er jetzt zurück nach Hause und allein sein. Alles noch mal überdenken. Vielleicht ist es ja auch ein bisschen schnell mit Frankfurt und Britta. Die enttäuschende Nachricht mag er ihr jedenfalls zunächst nicht mitteilen. Das hat noch Zeit. Lieber meldet er sich bei ihr, wenn er einen neuen Plan hat, sich wieder sicherer fühlt. Sie ist sowieso so empfindlich. Außerdem hat sie am Dienstag selbst einen wichtigen beruflichen Termin. Besser er bringt sie vorher nicht durcheinander. Hinzu kommt: Ingo hat etwas Bammel vor dem Gespräch mit Britta. Sie hatte sich schon ausgemalt, dass sie eine gemeinsame Wohnung suchen würden. Erfolg scheint ihr sehr wichtig zu sein, und wenn er jetzt gescheitert ist, wird ihr das vielleicht nicht so gut gefallen. Das macht ihm ziemlich Angst, er möchte Britta nicht verlieren. Also wartet er mit dem Telefonieren.

Ingo könnte so funktionieren – oder auch anders. Neben der Version, die in Brittas Kopf festgeschrieben ist, sind mindestens zehn weitere möglich. Guten Psychologen oder Drehbuchautoren könnten noch mal 30 einfallen. Fest steht: Britta hat keine Ahnung, was in Ingo vorgeht, aber jede Menge Vermutungen, die sie mit der Wirklichkeit verwechselt. Diese Annahmen sind von ihren Verlustängsten gesteuert, die sie auf Ingo projiziert.

Männer haben Angst

Viele Frauen denken zu wenig daran, dass auch Männer Angst haben. Besonders vor Frauen. Und besonders in Beziehungen. Männer haben Angst vor Nähe, weil sie sich darin abhängig und dominiert fühlen könnten, wie früher in der Kindheit. Sie haben Angst davor, Gefühle zu zeigen. Weil das peinlich werden könnte. Weil sie abgelehnt und verletzt werden könnten. Sie haben Angst davor, sich einzulassen und zu binden, weil sie verlassen werden könnten. Sie haben Angst davor, zu versagen. Beruflich. Sexuell. Emotional. Als potenzieller Vater. Weil sie dann doppelte Verlierer wären. Männer haben auch gemerkt, dass Frauen unabhängiger und selbstbewusster geworden sind. Dass sie höhere Ansprüche an Beziehungen stellen. Ein hohes Gehalt oder die Aussicht auf Verbeamtung reichen genauso wenig wie ein bisschen Süßholzgeraspel oder intellektuelles Muskelspiel. Männer sind zunehmend verunsichert. Und nicht alle können ihre Ängste mit Coolness oder Brillanz überspielen. Genauso viele Männer wie Frauen sind schüchtern und tun sich schwer mit Anmache und Anbaggern.

Und müssen sich besonders dafür schämen, denn immer noch wird von ihnen eher die Helden- und Eroberer-Rolle erwartet. Noch immer erwarten wir Frauen, dass sie den ersten Schritt machen – beim Kennenlernen, beim Verabreden, beim Heiratsantrag.

Männer sind verunsichert, weil sie weniger denn je wissen, was Frauen eigentlich von ihnen wollen.

Woher auch? Sie begegnen Frauen, die einerseits auf getrennten Wohnungen bestehen und ihnen in einem Vorstellungsgespräch begeistert den Job wegschnappen würden. Dieselben Frauen erwarten aber wie selbstverständlich, dass der Mann sich um die Autoreparatur kümmert und den neuen PC zum Laufen bringt. Und sie werfen ihm in Tränen aufgelöst emotionale Grausamkeit vor, weil er vergessen hat, sie nach dem Kino noch anzurufen. Und das, wo er doch weiß, dass Liebesfilme sie immer so aufwühlen.
Männer würden aber nie Verunsicherung oder gar Angst zugeben. Sie sprechen lieber von »sich nicht festlegen können«, »gerade zu viel zu tun haben« oder »Zeit für sich brauchen«.

Ergreifen Sie die Initiative!

Es hilft, grundsätzlich davon auszugehen, dass Männer auch nur Menschen sind. Mit Gefühlen und Ängsten und einer Geschichte aus Kränkungen und Enttäuschungen, wie wir sie haben. Meist allerdings mit einem geringeren Bedürfnis – und entsprechend weniger Übung darin –, sich darüber auszutauschen, und mit weniger Freunden, die ihnen dabei zuhören würden. Aber letztlich nützt auch alles Spekulieren über die wahre »Befindlichkeit« eines Mannes wenig. Es gibt nur einen Ausweg aus den eigenen Ängsten und Fantasien: offene und direkte Kommunikation.
Ergreifen Sie die Initiative. Rufen Sie an. Fragen Sie ihn, was los ist. Sie haben nichts zu verlieren. Schlimmstenfalls bestätigen sich Ihre schrecklichsten Befürchtungen. Aber die halten Sie ja ohnehin schon für die Realität. In der Regel ist die Realität weit harmloser als unsere angstvollen Vorstellungen. Auch für das Kennenlernen gilt: Trauen Sie sich, selbst aktiv zu werden. Nur so haben Sie optimale

Entscheidungsfreiheit und fühlen sich der Situation nicht ausgeliefert. Wenn Sie selbst agieren und nicht reagieren, haben Sie mehr Handlungsspielraum und können sich aussuchen, mit wem Sie in Kontakt kommen wollen. So entgehen Sie den Langweilern, Egomanen und notorischen Aufreißern. Die Wahrscheinlichkeit, dass Sie einen interessanten Mann kennen lernen, ist einfach am höchsten, wenn es jemand ist, der Sie interessiert - und nicht jemand, dem Sie ins Auge gefallen sind.

Männer sind schüchtern

Männer - besonders die jüngeren - wünschen sich, auch mal aus ihrer Rolle erlöst zu werden. Nicht jeder Mann ist ein Draufgänger und ständig bereit, in Aktion zu treten. Vergessen Sie nicht: Die meisten Männer sind genauso schüchtern, gehemmt und unsicher wie Sie. Dementsprechend freuen sie sich, wenn eine Frau auf sie zukommt und sie nicht immer den ersten Schritt machen müssen. Sie werden erleben, wie froh und dankbar ihr Gegenüber ist, wenn Sie die Initiative ergreifen:

→ **Auf die Frage, welche Art der Kontaktaufnahme sie sich von Frauen wünschen, antworten 84 Prozent der 18- bis 29-jährigen, 70 Prozent der 30- bis 39-jährigen und 63 Prozent der 40- bis 49-jährigen Männer »direktes Ansprechen«. Das hat die Umfrage einer großen Frauenzeitschrift im Jahr 2001 ergeben.**

Sie werden also selten einen Korb bekommen. Wenn er sich nicht für Sie interessiert oder schnell wieder aus dem Gespräch aussteigt, nehmen Sie es nicht so wichtig. Es war nur ein Versuch. Lassen Sie sich davon nicht entmutigen. Sollte jemand Ihnen eine unhöfliche Abfuhr erteilen, nehmen Sie es nicht persönlich. Der Mann hat offensichtlich Probleme - mit sich, mit den Frauen. Auf jeden Fall wissen Sie jetzt, dass er sowieso nicht der Richtige für Sie ist, und können es sich ersparen, ihn aus der Ferne anzuschmachten.

Tipps, wie Sie ein Gespräch anfangen und in Gang halten können, stehen auf Seite 139. Falls Sie sich mit Kontakten schwer tun, können Sie erst mal in unverbindlichen Situationen »üben«. Sprechen Sie einfach Leute an – Männer und Frauen, die Sie sympathisch finden, an denen Sie aber nicht weiter interessiert sind. Sie werden feststellen, dass die meisten freundlich und aufgeschlossen reagieren. Das senkt Ihre Hemmschwelle, wenn es wirklich ernst wird. Denn erfahrungsgemäß haben auch kontaktfreudige Frauen durchaus Herzklopfen und weiche Knie, wenn es darum geht, einen Mann anzusprechen, der sie wirklich interessiert.

So halten Sie Kontakt

Wenn es Ihnen gelungen ist, sich gut miteinander zu unterhalten, kommt die nächste Hürde. Wie stellen Sie es an, ihn wiederzusehen? Manchmal ergibt sich die nächste Verabredung wie von selbst, weil Sie auf eine gemeinsame Vorliebe gestoßen sind. Er liebt Sushi? Schlagen Sie vor, ihm Ihren Lieblings-Japaner zu zeigen. Er will auch den nächsten Dogma-Film sehen?

Wie wäre es mit einer Verabredung zum gemeinsamen Kinobesuch?

Aber die meisten Treffen enden mit einem »Ich ruf dich dann mal an.« Sorgen Sie dafür, dass Sie diejenige sind, die anruft. Ganz schlecht: Ihm die eigene Telefonnummer geben, ohne seine zu bekommen. Das wäre der erste Schritt in die »Warum-ruft-er-bloß-nicht-an?«-Warteschleife. Wenn Sie wirklich an ihm interessiert sind und nicht ewig auf seinen Anruf warten wollen, ist es doch am einfachsten, Sie lassen sich seine Nummer geben. Zu gegebener Zeit entscheiden Sie dann, ob Sie wirklich Lust haben, sich bei ihm zu melden und ihn wiederzusehen oder nicht. Und keine Angst: Die meisten Männer freuen sich über einen Anruf – auch wenn sie bisher nicht darauf gelauert haben.

Vergessen Sie Dating-Regeln

Wie weit Sie beim Kennenlernen oder beim ersten Treffen gehen, liegt ganz an Ihnen. Dafür gibt es keine festen Regeln, auch wenn sich das aus dem prüden Amerika importierte »Kein Sex vor dem dritten Date« inzwischen in vielen Köpfen festgesetzt hat. Jede Frau hat ihr eigenes Tempo und ihre individuellen Grenzen, wenn es um Intimität geht. Wichtig ist, diesem Tempo treu zu bleiben und sich nichts aufzwingen zu lassen. Weder vom Partner noch von diktatorischen Ratgebern. Sicher ist: Etwas Körperkontakt und besonders ein Kuss beim oder zum Abschluss des ersten Treffens hinterlässt einen intensiven sinnlichen Eindruck. Und macht Lust auf mehr. Auf beiden Seiten. Aber:

Küssen Sie ihn nur, wenn Ihnen wirklich danach ist.

Nicht als Mittel zum Zweck, damit er sich möglichst bald bei Ihnen meldet. Auch – oder gerade – ganz ohne Körperkontakt kann sich erotische Spannung aufbauen und umso prickelnder werden, weil alles noch offen bleibt.

Sex mit einem fast Unbekannten kann zwar sehr aufregend sein, eignet sich aber nicht unbedingt als Auftakt für eine dauerhafte Beziehung. Der Wechsel vom Bartresen ins Bett überspringt meist ein paar wichtige Stationen und kann auf beiden Seiten einen schalen Nachgeschmack hinterlassen. Sex ist meist unverkrampfter und lustvoller, wenn man sich schon eine Weile kennt. Gute Intimität braucht nicht nur Spannung, sondern auch Vertrautheit. Dann ist es einfacher, sich fallenzulassen und ungehemmt zu genießen.

So kommen Sie ins Gespräch ...

- Ergreifen Sie die Initiative, wenn Ihnen ein Mann wirklich gefällt.

- Achten Sie auf solche Männer, die Ihnen nicht sofort aufgefallen sind, aber auf den zweiten Blick anziehend wirken. Bei denen, die vielleicht zu schüchtern sind, um selbst aktiv zu werden, lohnt es sich ganz besonders, genauer hinzuschauen.

- Versuchen Sie es mit Augenkontakt. Fünf Sekunden länger zu schauen als üblich reicht, um ihn auf sich aufmerksam zu machen.

- Lächeln Sie. In der Zeitschriften-Umfrage zum Kennenlernen (Seite 136) haben 74 Prozent der 30- bis 39-jährigen Männer angegeben, dass sie sich von Frauen »Zulächeln« wünschen.

- Sprechen Sie ihn an. Schlicht und unverbindlich. Bestimmt gibt es eine Gemeinsamkeit, an die Sie anknüpfen können: »Kennen Sie auf dieser Party auch nur den Gastgeber?«, »Darf ich kurz in Ihre Zeitung schauen?«

- Machen Sie Komplimente – allerdings nur solche, die Sie ehrlich meinen. Alles, was Ihnen angenehm auffällt, ist ein guter Einstieg ins Gespräch: »Sie sehen so entspannt aus. Hatten Sie gerade Urlaub?«, »Ihr Gürtel gefällt mir. Wo haben Sie den denn her?«

- Bleiben Sie locker. Sie müssen nicht beweisen, dass Sie eine Mischung aus Einstein und Madonna sind.

- Halten Sie das Gespräch in Gang. Am besten mit Fragen. Die meisten Menschen freuen sich, wenn man sich für sie interessiert.

- Aktives Zuhören ist ein »Sesam-öffne-dich» der Kommunikation: »Das ist ja spannend.«, »Erzählen Sie mir mehr davon.«, »Ich frage mich, wie Sie sich dabei gefühlt haben.«

- Wenn Sie ihn wiedersehen wollen, lassen Sie sich seine Telefonnummer geben.

CHECKLISTE

... und so finden Sie den Richtigen garantiert nicht:

- Warten Sie grundsätzlich, bis Sie angesprochen werden – auch wenn direkt neben Ihnen ein Mann steht, den Sie für Ihr Leben gern kennen lernen würden!

- Beginnen Sie halbherzige Flirts mit Männern, die Sie eigentlich gar nicht interessieren. So signalisieren Sie allen anderen, dass sie bei Ihnen keine Chancen haben.

- Gehen Sie offensiv auf Männer zu. Das schlägt fast jeden in die Flucht.

- Urteilen Sie ausschließlich nach Ihrem ersten Eindruck. Geben Sie keinem Mann eine zweite Chance, auch wenn er bei näherem Hinsehen noch so sympathisch erscheint.

- Wenn Sie mit »ihm« ins Gespräch gekommen sind, texten Sie ihn vor Aufregung zu, lassen Sie ihn nicht mehr zu Wort kommen.

- Erzählen Sie gleich beim ersten Kontakt Ihre Lebensgeschichte oder sehr Persönliches. Das wirkt vereinnahmend und schreckt ab.

- Trinken Sie sich beim Flirten ruhig einen kleinen Rausch an. Wenn Sie Ihren Traumprinzen dann in nüchternem Zustand wiedersehen, werden Sie sich wundern, was für einen Frosch Sie erwischt haben.

- Überspielen Sie Ihre Unsicherheit mit starken Sprüchen oder schlüpfrigen Bemerkungen, provozieren Sie. Er wird ja nicht gleich merken, dass Sie gar nicht so cool sind, wie Sie tun.

- Präsentieren Sie sich in Höchstform, seien Sie originell, beeindrucken Sie durch intellektuelle Glanzleistungen! Falls es mit Ihnen beiden was wird, werden Sie es schon schaffen, dieses Niveau zu halten.

- Geben Sie ihm auf jeden Fall Ihre Telefonnummer, auch wenn Sie von ihm keine haben. Vielleicht ruft er ja an.

KURZ GEFASST

Wenn Sie sich einen guten Mann wünschen, müssen Sie zugleich suchen und bereit sein, sich finden zu lassen. Es lohnt sich, eine gute Mischung aus »Ich ergreife die Initiative« und »Ich vertraue darauf, für einen guten Mann interessant zu sein« zu entwickeln. Allzu krampfhaftes Suchen verengt die Wahrnehmung und kann abschreckend wirken. Zu viel passives Abwarten beschert Ihnen womöglich immer wieder die »üblichen Verdächtigen«, mit denen Sie eigentlich gar nichts anfangen können.

Zum Finden gehört, Neues auszuprobieren und Risiken einzugehen. Die eigenen Ansprüche zu hinterfragen und vielleicht ganz loszulassen. Weder die angesagte Jeansmarke noch der richtige Hochschulabschluss sind ein Garant für einen guten Mann. Schauen Sie hinter die Fassade und lassen Sie sich nicht von äußerlicher Attraktivität blenden. Wir alle neigen dazu, einem schönen Menschen auch allerlei schöne Eigenschaften anzudichten. Genau diese Eigenschaften finden sich aber oft ausgerechnet bei einem Mann, der uns erst auf den zweiten Blick aufgefallen ist. Der Mann für Sie muss nicht der Mann sein, der allen gefällt.

SIND SIE BEREIT?

Ally: »Und wenn es gut laufen würde,
wäre es ein absolutes Desaster.«
Greg: »Wieso?«
Ally: »Es könnte etwas Ernstes werden.
Wir könnten uns ineinander verlieben.«
Greg: »Und dann?«
Ally: »Und dann?
Ich könnte zerschmettert werden.«
Greg: »Warum?«
Ally: »Weil das immer so läuft!«
Arme Ally McBeal. Immer auf der Suche
nach der großen Liebe und gleichzeitig
voller Angst davor. Das muss nicht sein!

Eine Trennung braucht Zeit

Ob Sie zurzeit überhaupt bereit sind für eine neue Beziehung, hängt davon ab, in welcher Phase Ihrer Beziehungsbiografie Sie sich gerade befinden:

→ **Hatten Sie noch nie eine längere Beziehung?**
→ **Ist Ihre letzte Beziehung erst kürzlich in die Brüche gegangen?**
→ **Haben Sie seit längerer Zeit kurze, häufiger wechselnde Beziehungen?**
→ **Leiden Sie noch unter einer schmerzhaften Trennung, obwohl sie schon länger zurückliegt?**

Schon wenn Sie eine dieser Fragen mit »Ja« beantworten, spricht das dafür, dass Sie noch Zeit brauchen. Wie jede Beziehung verläuft auch eine Trennung in bestimmten Phasen. So schmerzhaft es ist – wir müssen einmal richtig durchs »heulende Elend«, damit wir wieder offen sein können für eine neue Liebe. In diesem Kapitel können Sie unter anderem herausfinden, welche Trennungsphasen Sie vielleicht noch nachträglich »abarbeiten« müssen.

Verlassen und zerschmettert

Sonja ist am Boden zerstört. Markus hat sich von ihr getrennt. An einem Sonntag-Faulenz-Nachmittag. Früher fand er diese Abhäng-Wochenenden genial-gemütlich. Jetzt ist es plötzlich langweilig. So wie ihre Beziehung überhaupt. Kein Schwung drin, keine Leidenschaft – keine Perspektive. »Ich denke, wir trennen uns besser!«, sagt er und zerdrückt mit dem Teelöffel Kuchenkrümel auf seinem Teller. So fühlt sich Sonja – zerdrückt, zerschmettert, ein nichtsnutziger Krümel, der übrig bleibt. Sie will ihn nicht mehr aufhalten, nicht diskutieren, nur noch schweigen und heulen. Sie telefoniert stundenlang mit Vera. Täglich. Geht mit ihr aus, sobald sie sich wieder aus der Wohnung traut. Arbeitet viel, ist jeden Tag verabredet, lässt die Wohnung verkommen, hat sich dafür endlich im Fitness-Club angemeldet. Markus meldet sich nicht. Nicht nach ihren wütenden SMS um drei Uhr nachts, nicht nach ihren flehentlichen Anrufen auf seinem Anrufbeantworter. Auch nicht nach ihrem zehnseitigen Brief.

Phase 1: Schock, Protest und Leugnen

Egal, wie gut es im Job läuft, wie schick unsere Wohnung ist, wie kunstfertig unser Therapeut – nichts polstert gegen diesen Schmerz. Trennungsschmerz ist zutiefst demokratisch. Nichts kann die Phasen des Protests oder der Verzweiflung verhindern, durch die jeder, der sich trennt, hindurchmuss. Es gibt kein Schmerzmittel für die Seele. Der Schmerz ist die Heilung.

Schaffen Sie Distanz

Es ist, wie es immer beschrieben wird: Die Welt ist grau, der Boden unter den Füßen unsicher. Es zieht in der Brust, der Rücken tut weh. Im Kopf ständig die Gedanken an ihn. Wie ein Kind, das sich im Bettchen aufbäumt und sich die Lungen aus dem Leib schreit, wenn Mama weggeht, so schreien wir innerlich nach dem Partner. Und wissen gleichzeitig, dass er nichts mehr von uns will.

Doch die unbewusst arbeitenden Teile unseres Gehirns melden das Naheliegende: »Lass uns wieder dahin zurückgehen, wo es gut war. Bindung ist gut.« Wir können das endlose Sehnsuchtsprogramm nicht abschalten. Wir können uns nur dagegen entscheiden: ihn nicht wieder anrufen, ihm nicht schreiben, nicht noch ein klärendes Gespräch führen, ihn nicht noch ein einziges Mal sehen. Und vor allem, uns nicht an die Illusion klammern, wir könnten wenigstens gute Freunde sein.

Der Expartner kann zum guten Freund werden, aber niemals sofort. Das braucht Zeit. Neun Monate, ein Jahr. Zwei bis drei Jahre. Die Trauer muss erst abgeschlossen, die Wut verebbt und die Selbst-

entwertung überwunden sein. Sonst ist nach der Trennung wie vor der Trennung: die gleichen Konflikte, dieselben Themen.
Distanz zu halten ist schwer, vor allem, wenn der Expartner die Nähe gleich wieder anbietet. Männer tun das gerne. Weil sie sich schuldig fühlen und alles dafür tun möchten, dass sie nicht leidet. Sie helfen noch mal bei der Steuererklärung und schleppen die neue Waschmaschine – als würde das der Verlassenen gut tun. Lindern kann es nur die eigenen Schuldgefühle und den eigenen Schmerz.

Das hilft jetzt

Achtung: beschönigende Rückblende! Wir idealisieren den Partner, weil wir unbewusst folgern, dass etwas, was wir so unglaublich schmerzhaft vermissen, besonders wertvoll gewesen sein muss.

■ Verkriechen hilft am Anfang. Für die allerersten und allerschwersten Tage legen Sie sich ruhig krank ins Bett.

■ Räumen Sie alles weg, was Sie an ihn erinnert.

■ Machen Sie eine Liste mit seinen schlechten Eigenschaften. Schreiben Sie auf, was Sie in der Beziehung mit ihm vermisst haben.

■ Suchen Sie sich Halt und reden Sie. Am besten mit Freundinnen. 80 Prozent aller Frauen mit Liebeskummer suchen Trost bei der besten Freundin. Tun Sie es auch. Sie kann mehr ertragen, als Sie glauben.

■ Fangen Sie ein Tagebuch an. Schreiben Sie sich alles von der Seele, was Ihnen in den Sinn kommt, was Sie bewegt.

■ Setzen Sie ihren Kummer kreativ um. Malen Sie, singen Sie, tanzen Sie, schreiben Sie ...

■ Stellen Sie sein Foto auf und reden Sie mit ihm. Sagen Sie ihm alles – laut, lange, ehrlich und schonungslos. Lassen Sie das Bild dann in der Schublade verschwinden, bis Sie es wieder brauchen.

■ Schreiben Sie ihm endlose Briefe, aber schicken Sie sie nicht ab. Warten Sie immer 72 Stunden und lesen Sie Ihre Briefe noch einmal; manches sieht dann schon anders aus.

■ Konfrontieren Sie sich und erlauben Sie sich Ihre Gefühle. Stellen Sie sich vor den Spiegel und sagen Sie Ihrem Spiegelbild: »Ich bin jetzt getrennt.«

Phase 2: Verzweiflung und Selbstanklage

Markus hat sich doch noch bei Sonja gemeldet. Er spricht über seine Zweifel. Sie mag das nicht mehr hören. Immer hat sie sich zurückgehalten, um ihn nicht zu bedrängen. Sie wollte, dass er freiwillig bei ihr ist, aus Liebe. Sie hat ihn nicht mit ihrer Sehnsucht überrollt. Und jetzt sagt er, er habe nie gewusst, was sie will. Mistkerl!
Sie hat versucht, seinen Kuschelpullover abzufackeln. Als Ritual - für Trennung, Vernichtung, Rache, irgendwas! Sie musste mit Reinigungsbenzin nachhelfen. Die Stichflamme hat ihre Haare versengt. Zu blöd, um einen Pulli kleinzukriegen! Die Wohnung stinkt nach angekokeltem Schaf. Sie hat die Pulli-Leiche in den Mülleimer entsorgt. Ihr ist schon wieder nach Heulen. Ist sie jetzt ganz durchgeknallt? Auf den Schreck braucht sie mindestens einen doppelten Cognac und einen neuen Haarschnitt.

Erlauben Sie sich, verrückt zu sein

Ohne es zu merken, beginnen wir bei einer Trennung, unsere Geschichte neu zu schreiben. Eine Trennung löst unsere gewohnte Welt auf, stellt alles »Normale« in Frage. Nichts ist mehr normal. Ohne den Partner laufen unsere Gedanken und Handlungen immer wieder ins Leere. Wir sind verzweifelt, und deshalb zweifeln wir an uns. Wir konzentrieren uns auf unsere Fehler. Wir suchen die Schuld bei uns. Wir setzen uns auf die Anklagebank wegen ausgeprägter

Beziehungsunfähigkeit, wegen fahrlässiger Tötung einer Liebe, wegen fortgesetzter Unfähigkeit in Herzensangelegenheiten. Es ist ein hektischer, chaotisch erscheinender Prozess, ein kreisendes Suchen, bei dem wir die Gespräche mit anderen dringend brauchen, um uns nicht in Selbstvorwürfen zu verlieren. Wir können erst mit einer Beziehung abschließen, wenn wir verstehen, woran wir gescheitert sind. Und all die Gespräche, die Tagebuchseiten, die Trennungsratgeber, die Schicksale aus Filmen und Büchern helfen uns dabei. Wir entdecken überall durchgeknallte Liebesleidende. Das macht es uns leichter, unser Durchgeknalltsein, unsere Verrücktheit in dieser Zeit als Heilungsprozess, als den Weg zu uns zurück zu begreifen.

Das hilft jetzt

Achtung: Ausnahmezustand! Ihr Selbstwert geht auf Talfahrt. Sie sind nicht normal. Versuchen Sie, es nicht zu sein!

■ Stimulieren Sie Ihre Gefühle. Nie tut Kunst so gut wie unter Liebeskummer. Lesen Sie sentimentale Geschichten, schauen Sie ergreifende Filme, hören Sie Herz-und-Schmerz-Songs. Keine Angst vor Kitsch – Liebeskummer überhöht alles.

■ Nehmen Sie sich frei, unterbrechen Sie den Alltag, lassen Sie sich durch die Stadt oder am Strand treiben. Feiern Sie den Ausnahmezustand.

■ Bewegen Sie sich. Körperlich. Sport ist die beste Medizin gegen depressive Verstimmungen mit positiven Nebenwirkungen. Laufen. Radfahren. Skaten. Boxen. Tanzen.

■ Schaffen Sie Platz: Lassen Sie die Vorhänge runter, drehen Sie die Anlage voll auf und tanzen Sie, bis alles aus Ihnen raus ist.

- Bewegen Sie sich. Geistig. Malen Sie sich Rachefantasien für Ihren Ex aus. Stellen Sie sich Ihre Zukunft in den leuchtendsten Farben vor.

- Flirten Sie. Für neue Beziehungen und tiefe Gefühle ist es noch zu früh. Für Streicheleinheiten für Körper und Seele nicht. Und Ihr Selbstwertgefühl kann den Kick auch brauchen.

- Es ist völlig in Ordnung, vor Wut das Sofa zu verprügeln oder seine Fotos zu vernichten. Aber bitte keine selbstzerstörerischen Aktionen!

Phase 3: Wut und Ablösung

Sonja hat inzwischen allen erzählt, dass sie getrennt sind. Und dass sie nichts darüber hören möchte, wie es Markus geht. Das große Heulen ist vorbei. Sie isst zu viel Schokolade und ist zu selten im Fitness-Club. Genau genommen hätte sie sich den Mitgliedsbeitrag sparen können. Dafür liest sie viel und hat sich bei zwei Volkshochschulkursen angemeldet.
Eine Freundin hat ihr die Teilnahme an einem Speed-Date geschenkt. Sechs Männer in 60 Minuten kennen lernen. Jeweils zehn Minuten Frage-und-Antwort-Spiel pro Mann. Sonja kommt sich vor wie auf dem Hamburger Fischmarkt. Und verglichen mit all den angepriesenen Plattfischen erscheint ihr Markus wie ein prächtiger Thunfisch. Nein, er ist auch nur ein Hering. Immerhin fühlt sie sich gebauchpinselt, dass drei der Herren sie gerne wiedersehen wollen. Aber sie will nicht.
Sie ist sauer auf den Hering. Trotz Informationsstopp hat sie erfahren, dass er eine Neue hat. Typisch. Lässt sich keine Zeit für Gefühle. War er nicht schon immer selbstbezogen? Rief sie mitten in der Nacht an, obwohl er wusste, dass sie am nächsten Tag eine wichtige Präsentation hatte. Und war empört, wenn sie Sonntagmittag mit Croissants bei ihm klingelte – weil er verkatert war nach der langen Nacht mit Freunden. Hat ihre besten Weine getrunken und nie für Nachschub gesorgt.

Besinnen Sie sich auf sich selbst

Irgendwann lässt der Kampf nach. Und der Ex wird wieder, was er schon immer war: ein ganz normaler BMW-Fahrer mit einem peinlichen Faible für Boxershorts und Action-Filme ...
Noch ist die Trennung nicht bewältigt, nach den ersten drei Phasen ist erst der Anfang geschafft. Bei der banalsten Erinnerung können wir wieder in Sehnsucht versinken, von Resignation überwältigt werden, uns mutterseelenallein fühlen und fest daran glauben, nie wieder glücklich zu werden.
Die wichtigste Aufgabe in der Trennung ist, uns aktiv zu trennen. Gerade dann, wenn wir verlassen wurden.
Die Welt ist voll von Menschen, die an ihre Expartner gebunden bleiben. Von Beziehungen, die scheitern, weil Partner innerlich noch nicht wieder frei sind. Von Fliehenden, die sich dem Trennungsschmerz nie gestellt haben und die sich jedes Mal zurückziehen, wenn ihnen jemand so nahe kommt, dass wieder der Schmerz einer Trennung droht.
Jede Trennung besteht aus tausend Schritten. Der Weg ist für jeden anders. Aber er führt immer zu einem wichtigen Menschen, den wir zu lange vergessen haben: zu uns selbst.

Das hilft jetzt

Achtung: Selbstzweifel! Nach so einer Erfahrung können Sie sich nicht vorstellen, jemals wieder geliebt zu werden. Dieser Gedanke schützt Sie vor Sehnsucht und Enttäuschung. Aber er ist auch deprimierend. Seien Sie gut zu sich.

■ Erfinden Sie ein Ritual, mit dem Sie anerkennen, was gut war in Ihrer Beziehung. Und das Ihnen hilft, sich davon zu lösen. Schreiben Sie einen Dankesbrief und verbrennen Sie ihn. Suchen Sie das schönste Foto von Ihnen beiden, denken Sie an die glücklichsten gemeinsamen Stunden und werfen Sie es anschließend in den Fluss. Stellen Sie eine Kassette oder CD mit »Ihren« gemeinsamen Songs zusammen. Hören Sie sie so oft, bis Sie sich von ihr verabschieden können – werfen Sie sie aus dem Autofenster oder vom höchsten

Turm der Stadt. Nutzen Sie Ihre Fantasie, finden Sie Ihre Art, sich zu verabschieden. Finden Sie einen Satz wie: »Ich lebe mein Leben« oder »Es gibt keinen Menschen, für den es sich lohnt, zu leiden« oder »Ich habe noch viel vor«. Wiederholen Sie ihn innerlich immer wieder, wenn Sie »rückfällig« werden, wenn negative Gedanken Sie erfassen.

- Machen Sie etwas neu, schöner, gewagter. Erfüllen Sie sich einen besonderen Wunsch. Renovieren Sie Ihre Wohnung, buchen Sie ein Wellness-Wochenende, fangen Sie eine neue Sportart an ...

- Tun Sie alles, was Sie nie mit ihm zusammen tun konnten, weil er keinen Spaß daran hatte.

- Finden Sie mindestens zehn Dinge an sich, die Sie lieben.

- Fragen Sie Freunde, was die an Ihnen schätzen. Schreiben Sie es sich auf. Lesen Sie die Liste durch, wenn Sie an sich zweifeln.

- Gönnen Sie sich etwas Luxus. Gutes Essen, eine Massage, ein Konzert. Und die Gesellschaft von Menschen, die Sie mögen.

- Nehmen Sie jede Einladung an, die Sie bekommen. Auch, wenn Sie gar nicht rauswollen. Das Glück wird nicht einfach so an Ihrer Wohnungstüre klingeln.

Bloß keine Panik

Es gibt keine genauen Statistiken, aber schätzungsweise dauert es ein bis vier Jahre, bis eine Frau nach einer Trennung einen neuen Partner findet. Also bloß keine Panik, wenn Sie nach einem Jahr »immer noch« alleine sind.
Das erste halbe oder ganze Jahr nach einer Trennung ist für die meisten ohnehin keine geeignete Zeit, um einen neuen Partner kennen zu lernen. Auch wenn sie das verzweifelt versuchen.

Wenn alles gut läuft, polieren kleine Flirts in dieser Zeit Ihr Selbstbewusstsein wieder auf. Aber Vorsicht: Wenn viele Enttäuschungen dabei sind, sackt es eher noch mehr ab. Es ist okay, sich nicht mehr zu verkriechen und Ihre Wirkung auf Männer wieder zu testen. Aber muten Sie sich nicht mehr zu, als Sie in dieser sensiblen Phase verkraften können. Trost bei Freundinnen, eine Auszeit für sich allein, langsames Aufarbeiten der alten Beziehungen sind jetzt hilfreicher als hektische Ablenkungsmanöver mit Männern. Von denen viele sowieso nicht an einer festen Bindung interessiert sind. Kein Wunder - wenn Sie ganz ehrlich mit sich sind, sind Sie es ja auch nicht. Im ersten Jahr nach einer Trennung sind die meisten Frauen noch zu gefühlsbetäubt, um sich verlieben zu können.

Zeit der Rache

Einige erleben nach dem Abflauen des Trennungsschmerzes eine Zeit intensiver Abenteuer. Hauptsächlich erotischer Natur. Sie werden sexuell selbstbewusster, probieren sich und Männer aus, wie sie es sich vorher - vor allem in einer festen Beziehung - nie getraut hätten. Es geht dabei nicht darum, den Traumpartner für die nächste große Liebe zu finden. Im offensiven Abenteurerinnentum steckt eine Dosis Aggression. Kann sein, dass Sie sich in dieser Phase ein wenig an allen Männern rächen, die Ihnen jemals wehgetan haben - was ein gutes Gefühl von Ausgleich geben kann, aber auf Dauer schal bleibt und auf keinen Fall mit Liebe verwechselt werden sollte. Manchmal glauben Sie, Sie hätten sich verliebt. Aber dann merken Sie, dass Sie Machtgefühle mit Romantik verwechselt haben. In dieser Phase können Sie Ihre offensive Seite entdecken und ausleben.

Lust auf Abenteuer?

Irene (Seite 69) hatte lange Jahre eine Beziehung mit einem Künstler. Sie hat ihn versorgt, gemanagt, bemuttert - all das neben ihrem Job. Dafür liebte und bewunderte er sie aufrichtig. Er hatte eine feinfühlige Art, die ihr gut tat. Er konnte sie in ihrer Hektik bremsen und sich mit ihr an

Details freuen, die ihr nie aufgefallen wären. Ansonsten hatte er genug mit seiner Kunst zu tun. War viel unterwegs und mittelprächtig erfolgreich. Mehrere Affären mit anderen Künstlerinnen betrachtete er als Ausdruck seiner künstlerischen Freiheit. Sie sah das anders. Nachdem sie aufgehört hatte, die Miete für sein Atelier zu zahlen, ließ er sich nicht mehr blicken.

Sie fühlte sich versteinert, unattraktiv und alt. Sie arbeitete Sonderschichten und räumte die Wohnung viermal um, bis sie sie selbst nicht mehr wiedererkannte. Sie belegte Volkshochschulkurse und Weiterbildungsseminare. Wobei sie nicht nur erlebte, dass Arabisch ihr ebenso wenig Mühe machte wie die Zubereitung fünfgängiger Menüs, sondern auch, dass die wenigen männlichen Kursteilnehmer ihre Nähe suchten. Sie fühlte sich frei, ihrerseits zu flirten. Innerlich immer noch angeschlagen, blühte sie äußerlich auf. Wurde lockerer. Daraus ergaben sich einige unerwartet aufregende Affären mit gebundenen oder sehr jungen Männern. Als ihr »arabischer« Liebhaber anfing, sich in sie zu verlieben und überlegte, seine Freundin damit zu konfrontieren, verging ihr die Lust. Bei dem Gedanken an eine feste Beziehung wurde ihr regelrecht schlecht. Vor Angst.

Zeit der Selbstfindung

Nach all dem Ausprobieren kommt eine gewisse Ernüchterung. Genau besehen hat es vielleicht Spaß gemacht, Ihnen bewiesen, dass Sie durchaus sehr wohl noch auf Männer wirken – aber eine neue Beziehung war nicht dabei.

Also Zeit, sich einer wichtigeren Person zuzuwenden: sich selbst. Statt nach einer neuen Beziehung suchen Sie jetzt in erster Linie nach Beschäftigungen, die Ihnen Spaß machen. Sie entdecken und entwickeln Talente, um die Sie sich bisher zu wenig gekümmert haben: nehmen endlich die Gesangsstunden, nutzen Bildungsurlaubs-Angebote, stürzen sich mit Elan in Ihre Diplomarbeit oder kümmern sich einfach intensiver um Ihren Job. Sie beginnen, sich Ihr Leben ohne Männer einzurichten. Und sich dabei gut zu fühlen. Nicht auf ewig. Aber Sie wohnen nicht mehr auf einer Baustelle, ständig bereit, in der nächsten Beziehungshütte Ihr Zuhause zu finden. Sie widmen sich Ihren Ideen, Impulsen und Wünschen. Vielleicht ziehen Sie sich eine Weile zurück, renovieren Ihre Wohnung, machen die große Reise ...

Bettina (Seite 81) hat sich im vergangenen Jahr von ihrer kurzen unglücklichen Beziehung zu Kai und all den anderen Enttäuschungen erholt. Männer betrachtet sie wie eine interessante, aber fremde Spezies, für die sie keine Expertin ist. Und auch gar nicht sein will, weil ihr die Kerle derzeit ziemlich egal sind. Ob sie glücklich ist oder nicht, macht sie nicht mehr daran fest, ob ein Mann sie bewundert und umschwärmt. Überhaupt fühlt sie sich nicht mehr so abhängig von anderen und deren Urteil.

Sie hat eine schöne neue Wohnung mit Garten gefunden. Den gestaltet sie jetzt voll Liebe und Fantasie.

Bei all der frischen Luft hat sie gleich noch das Rauchen aufgegeben und joggt wieder ab und zu. Die Aufträge kommen nicht mehr so mühelos rein, sie muss sich verstärkt um ihre Kunden kümmern. Außerdem macht sie jetzt endlich eine Zusatzausbildung, an die sie sich bisher nicht rangetraut hat. Das Nachtleben ist ihr zu anstrengend und auch zu kostspielig. Von Männern hat sie sich die ganze Zeit erfolgreich ferngehalten. Vor einiger Zeit hat Bettina bei Freunden einen Arzt aus Köln kennen gelernt. Ein ruhiger Typ, der ihr zuerst gar nicht auffiel. Später hat er ihr eine Mail geschickt, freundlich und unaufdringlich. Und sich bestechend genau an ein paar Sachen erinnert, die sie bei dem Treffen gesagt hatte. Inzwischen sehen sie sich häufiger, und es scheint mehr daraus zu werden. Er hört gut zu und stellt viele Fragen. Und er merkt sofort, wenn sie rumzickt, ihn mit Schweigen straft, weil er beim Elbspaziergang von seiner Ex erzählt. Dann will er wissen, was los ist und lässt nicht locker, bis er es weiß. Wegen der Ex hat er gelacht. Sie soll ihm einfach sagen, wenn er sie nervt, er könne doch nicht hellsehen. Vielleicht schafft sie das mit ihm. Wieso sie immer unter der Bettdecke verschwinde wie ein Maulwurf oder in ihren Morgenmantel schlüpfe, hat er sie gefragt. Er würde sie doch so gerne sehen. Peinlich war das. Sie musste gestehen, dass sie sich nicht nackt zeigen mag. Sie will ihre Speckpölsterchen vom Nicht-mehr-Rauchen verstecken. Kurz darauf hat er ihr ein kleines Gedicht gemailt. Über die faszinierende Attraktivität unsichtbarer Speckpölsterchen.

Zeit für Liebe

Sie haben sich erholt von den Enttäuschungen und Verletzungen Ihres bisherigen Liebeslebens. (Das kann durchaus Jahre dauern.) Inzwischen haben Sie sich selbst besser kennen gelernt und sich ein Leben eingerichtet, in dem Sie auch ohne Mann zufrieden sind. Sie sind nicht mehr auf eine Beziehung fixiert und genau deshalb viel offener. Sie ruhen in sich und lassen sich finden.

Sie sind souveräner geworden, weil Sie wissen, wie Sie auf andere wirken. Ihre Erwartungen sind klarer und realistischer geworden. Sie wissen, was Sie zu geben haben, und haben klarere Vorstellungen von Ihren Wünschen und Bedürfnissen. Sie erwarten von einer Beziehung nicht mehr, dass sie aus Ihnen einen anderen Menschen macht oder Ihr Leben schlagartig mit goldenem Glanz überzieht – und sind jetzt wirklich bereit. Eine neue Liebe kommt oft auf leisen Sohlen aus dem Kreis guter Freunde.

Vielleicht kennen Sie »ihn« schon länger, haben sich aber bisher an die »Wir-sind-bloß-befreundet«-Spielregeln gehalten.

Marie (Seite 57), die immer unter dem Druck stand, für einen Partner jemand ganz Besonderes sein zu müssen, faszinierend und geheimnisvoll, ist in eine kleine Frauen-WG gezogen. Allerdings wohnte dort »nur vorübergehend« auch der Bruder einer Mitbewohnerin. Weil Max so unkompliziert war und die drei Frauen neben der Küche sowieso kein gemeinsames Wohnzimmer brauchten, durfte er bleiben.

Marie fand ihn von Anfang an sympathisch. Und adoptierte ihn innerlich als eine Art Bruder, mit dem sie Küche und Bad, den letzten Joghurt und auch immer mehr Gespräche und Gedanken teilte. Völlig unangestrengt das Ganze, ohne jede Selbstinszenierung. Es macht auch wenig Sinn, dem Mann, der einen abends völlig verheult vor einem alten Romy-Schneider-Film antrifft, Souveränität in allen Lebenslagen vorzuspielen.

Sie war nicht hinreißend und beim Frühstück auch nicht besonders geistreich, aber die meiste Zeit entspannt. Mehr oder weniger sie selbst. Und in diese Marie hat Max sich verliebt. Und sie sich in ihn. Zuerst heimlich, weil sie es nicht gewohnt war, sich so einfach zu verlieben. Ganz ohne Drama und Tiefe und Leiden. Wahrscheinlich irrte sie sich ja. Verwechselte Nähe mit Liebe. Aber es ließ sich nicht leugnen, dass sie immer öfter dieses Achterbahngefühl im Bauch bekam, wenn sie gemeinsam die Spülmaschine einräumten. Und sich wahnsinnig freute, wenn er sie abends zum Ausgehen einlud. An so einem Abend hat er sich von einer Barschlampe ins Gespräch verwickeln lassen. Sie war plötzlich nicht mehr wichtig. Jedenfalls kam es ihr so vor. Und da ist sie einfach gegangen. Ganz allein in die dunkle, eisige Nacht. Hat er aber doch gemerkt und kam gleich hinterher. Und dann hat sie ihm eine regelrechte Szene gemacht, als wären sie wirklich ein Paar. Und er hat gar nichts gesagt. Hat sie geküsst, bis sie sich beruhigt hat.

Er wusste, mit welcher Frequenz sie Nutella esslöffelweise vertilgt und dass sie morgens wie ein gerupftes Eichhörnchen aussieht.

Das war der Anfang einer wunderbaren, stinknormalen Beziehung, die sich inzwischen in einer eigenen, gemeinsamen Wohnung abspielt. Wenn es langweilig wird in der Liebe oder ihr all die Nähe Angst macht, inszeniert Marie immer noch gerne kleine Dramen. Aber sie durchschaut sich schnell. Und auch er weiß gleich, was Sache ist. Jedenfalls haben sie bisher jedes Mal ein »happy-go-on« hingekriegt.

ÜBUNG

Das Ring-Ritual

Machen Sie eine Liste aller Männer, mit denen Sie je eine Beziehung hatten. Langjährige Beziehungen ebenso wie One-Night-Stands. Schreiben Sie auch die heimlichen Schwärmereien auf, die Ihnen sehr wichtig waren.

Besorgen Sie sich für jeden Menschen auf der Liste einen Ring – einfache Gardinenringe reichen. Wenn Sie möchten, können Sie für jeden Mann einen passenden Ring aussuchen, sonst nehmen Sie einfach dieselbe Sorte für alle.

Entscheiden Sie, in welcher Reihenfolge Sie sich von Ihren Expartnern verabschieden möchten. Chronologisch? Oder erst von den weniger wichtigen Beziehungen und danach von den wichtigeren?

Erst von den weniger schönen Erfahrungen und dann von den schönen? Gehen Sie nach Ihrer Reihenfolge vor. Nehmen Sie für jeden Mann einen Ring in die Hand. Stellen Sie sich diesen Menschen genau vor, lassen Sie die Zeit, die Sie miteinander verbracht haben oder in der er Ihnen wichtig war, Revue passieren.
Nehmen Sie sich Zeit dafür. Möchten Sie dem Mann noch etwas Wichtiges sagen? Verabschieden Sie sich von ihm mit einem Satz wie: »Danke für das, was zwischen uns war. Mit diesem Ring lasse ich dich und unsere gemeinsame Zeit jetzt los. Damit werde ich frei für einen neuen Partner.«
Gab es gegenseitige Versäumnisse oder Verletzungen, nehmen Sie sie in das Ritual auf und lassen Sie auch sie jetzt los.
Bei manchen Expartnern wird der Abschied schnell gehen, bei anderen länger dauern. Nehmen Sie sich für jeden Partner die Zeit, die Sie brauchen, um ihn loszulassen. Sie können das Ritual über mehrere Tage verteilen, damit es kein Abschieds-Marathon wird.

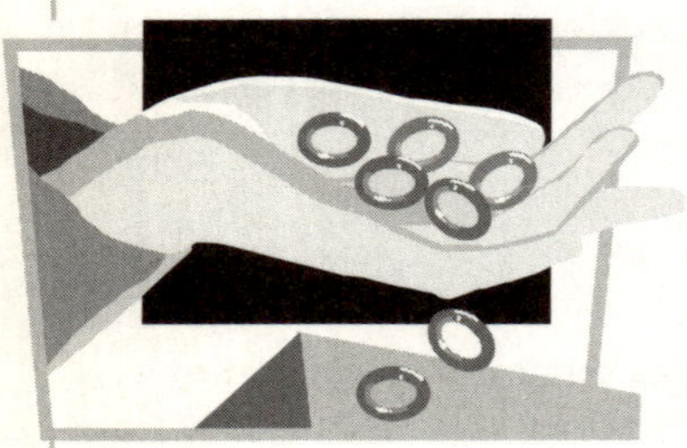

Zum Schluss legen Sie jeden Ring, mit dem Sie »fertig« sind, in eine Dose oder einen Kasten. Liegen alle Ringe in der Dose, vergraben Sie sie. Machen Sie sich dabei bewusst, dass Sie die alten Verbindungen jetzt hinter sich lassen und innerlich bereit und frei sind für eine neue Beziehung.

Gut angekommen?

Bisher haben Sie sich viel mit den Menschen und Einflüssen beschäftigt, die für Sie und Ihr Verhalten in Beziehungen wichtig waren und sind. Zum Schluss möchte ich Sie einladen, sich noch einmal ganz bewusst und losgelöst von allem andern sich selbst zuzuwenden, sich selbst zu finden. Das heißt nichts anderes, als etwas zu entdecken und anzunehmen, das Sie längst besitzen: sich selbst. Ohne Illusionen und Verzerrungen.

- Selbstbewusste Menschen gehen freundlich und liebevoll mit sich um. Auch mit ihren Fehlern. Sie üben Selbstkritik, lassen sich davon aber nicht lähmen. Sie haben gelernt, ihr Selbstwertgefühl zu steuern, es wieder auf positiven Kurs zu bringen, wenn es abrutscht.

- Nur Sie sind unsicher und zweifeln an sich selbst, meinen Sie? Stimmt nicht. Sie können sicher sein, dass andere Menschen genauso viele Selbstzweifel haben wie Sie. Nur vielleicht auf anderen Gebieten. Und auf andere Weise. Und vielen merkt man ihre Zweifel nicht gleich an. Zu glauben, alle anderen seien selbstbewusster, ist eine der gängigsten sozialen Täuschungen. Wenn wir selbst unsicher sind, merken wir das sofort. Wenn andere sich klein, dumm und hässlich fühlen, bleibt uns das meist verborgen.

- Hören Sie auf, sich ständig mit anderen zu vergleichen. Ersetzen Sie die Vokabeln »besser als« und »schlechter als« in Ihrem Wortschatz durch »anders«. Und wenn Sie schon vergleichen wollen, dann picken Sie sich nicht nur die Rosinen raus: Mit welchem der Menschen, die Ihnen Ihrer Meinung nach überlegen sind, würden Sie wirklich komplett tauschen?

- Wenn Sie etwas nicht wollen, sagen Sie »Nein«. Das wirkt gleich doppelt: Es stärkt Ihr Selbstvertrauen, und es verschafft Ihnen Respekt bei Ihren Mitmenschen. Wer es allen recht machen und von allen gemocht werden will, darf nicht Nein sagen. Und muss sich dafür mächtig verbiegen. Das ist Gift fürs Selbstwertgefühl.

- Distanzieren Sie sich von Menschen, die Ihnen nicht gut tun. Die kein gutes Haar an Ihnen lassen. Die Sie ständig mit Forderungen unter Druck setzen oder Mitleid und Hilfe erpressen wollen. Es gibt genug aufrichtige, unterstützende Menschen in Ihrem Leben, die Ihre Zuwendung verdient haben.

- Entwickeln Sie einen respektvollen, akzeptierenden Umgang mit sich selbst. Behandeln Sie sich wie Ihre beste Freundin: aufrichtig und liebevoll. Loben Sie sich, machen Sie sich Mut, belohnen Sie sich. Und zwar nicht selten, sondern so oft wie möglich.

KURZ GEFASST

»Der erste Schritt ist, (...) sich klarzumachen, dass Lieben eine Kunst ist, genauso wie Leben eine Kunst ist; wenn wir lernen wollen zu lieben, müssen wir genauso vorgehen, wie wir das tun würden, wenn wir irgendeine andere Kunst lernen wollten«, schreibt Erich Fromm in seinem Buch »Die Kunst des Liebens«*.

Wenn Sie diese Kunst erlernen wollen, fangen Sie am besten bei sich selbst an. Mit einfachen Fragen: Was sind - abgesehen von einer glücklichen Partnerschaft - meine Bedürfnisse? Was macht mir Spaß? Welche Wünsche habe ich mir bisher nie eingestanden? Was wollte ich immer schon tun? Statt auf den Mann fürs Leben zu warten, erfüllen Sie sich diese Wünsche. In kleinen Schritten. Das macht zufrieden und selbstbewusst. Liebenswerter. Außerdem zieht Gleiches Gleiches an: Wenn Sie sich um sich kümmern, wird irgendwann jemand auftauchen, der Sie dabei unterstützen will. Das müssen Sie dann aber auch zulassen.

*Neuauflage bei Heyne, 2001

Bücher und Filme

Personen

Begriffe

REGISTER